보통날의 서울 산책

보통날의 서울 산책

지은이 구지선
펴낸이 안용백
펴낸곳 (주)넥서스

초판 1쇄 발행 2011년 7월 30일
초판 3쇄 발행 2011년 10월 5일

출판신고 1992년 4월 3일 제311-2002-2호
121-840 서울시 마포구 서교동 394-2
Tel (02)330-5500 Fax (02)330-5555

ISBN 978-89-5797-783-5 13980

저자와 출판사의 허락 없이 내용의 일부를
인용하거나 발췌하는 것을 금합니다.
저자와의 협의에 따라서 인지는 붙이지 않습니다.

가격은 뒤표지에 있습니다.
잘못 만들어진 책은 구입처에서 바꾸어 드립니다.

www.nexusbook.com
넥서스BOOKS는 (주)넥서스의 실용 브랜드입니다.

보통날의 서울 산책

구지선 지음

넥서스BOOKS

Prologue

길 위에서 인생을 배우다

"산책은 인생이라는 힘든 여정 속의 베이스캠프와 같다."

등반가들에게 베이스캠프는 생명과도 같다. 힘든 산일수록 더욱 그러하다. 베이스캠프는 고갈된 체력을 충전시켜 주는 동시에, 휴식과 안정을 취할 수 있는 중요한 요소이다. 등반가들은 컨디션이나 날씨가 좋지 않은 날에는 가던 길을 멈추고 베이스캠프에서 머문다. 이들에게 베이스캠프는 단순히 쉬어 가는 곳만이 아니다. 제대로 쉬지 않으면 목숨을 잃게 될 수도 있다.

정상까지 가는 길은 아주 멀고도 험하다. 때로는 예상치 못한 극한의 상황과 마주하게 되기도 한다. 이러한 여정 중에 베이스캠프를 만들지 못하면, 대부분 등반을 포기하게 된다. 등반을 계속 하더라도 그 여정은 마치 죽음의 지대처럼 느껴질 것이다.

이 책을 집필하기 위해 느릿느릿한 발걸음과 마음으로 서울을 산책하는 동안 제일 많이 떠오른 단어가 바로 '베이스캠프'였다. 아름드리 나무가 빼곡히 들어선 메타세쿼이아길에서는 마음을 비우는 법을 배웠고, 1980년대의 분위기가 고스란히 남아 있는 개미마을에서는 오랜 세월만이 줄 수 있는 여유를 맛보았다.

또 아직 세월에 점령당하지 않은 풍경이 남아 있는 구로구 항동 기찻길에서는 속도만이 인생의 답이 아님을 깨달았다. 미술 작품들을 감상할 수 있는 평창동 미술관길에서는 아름다움이 인생을 풍성하게 만들어 준다는 것을 깨닫게 되었다.

Prologue

서울에서 만난 모든 산책길은 훌륭한 멘토이자 피로회복제였다. 가볍게, 여유롭게, 천천히 시작한 걷기 여행은 그렇게 한동안 소진되었던 에너지를 충전시켜 주고, 지쳐 있던 영혼도 달래 주었다.

산책을 하는 동안 자연스레 삶에 대해 진지하게 생각해 보게 되었고, 산책을 마친 후 다시 만난 세상은 이전과 확연히 달라졌다. 머리를 비우고 마음을 다독이며 한 템포 쉬면서 거닐다 보니 인생에 대한 마음가짐이 긍정적으로 바뀐 것이다. 이처럼 내가 베이스캠프에서 얻은 소중한 경험들을 많은 이들에게 전하며 더불어 공감을 얻었으면 한다.

집필의 기회를 주신 (주)넥서스 관계자분들과 책이 나오기까지 따뜻한 관심으로 신경을 많이 써 주신 김영화 부장님께 감사의 인사를 드린다. 그리고 놀라운 열정과 따뜻한 조언으로 책을 집필하는 내내 큰 힘이 되어 준 최유리 편집자님께 진심으로 고마운 마음을 전한다.

끝으로, 잠시 힘든 시기를 만났을 때 따뜻한 도움의 손길을 선뜻 내밀어 주었던 이수기 기자님과 박PD님, 윤PD님께 이 자리를 빌려 고마운 마음을 전한다. 그리고 언제나 변함없는 응원을 보내주는 가족들에게도 고마운 마음을 전한다.

구지선

Contents

Prologue   길 위에서 인생을 배우다 4

Part. 1
무한 에너지를
충전하고 싶을 때

회나무길, 이국적인 풍경에 마음을 빼앗기다 12
오복길, 보는 즐거움에 흠뻑 빠지다 22
동대문 미로길, 훈훈한 사람의 정을 나누다 34
꼼데가르송길, 길에서 즐거움을 선물 받다 44

Part. 2
우울이 인생에
태클을 걸어올 때

서래 올레길, 몽마르뜨 언덕에서 위로를 받다 56
평창동 미술관길, 유쾌한 길 위에서 웃음을 회복하다 66
낙산공원길, 공원 길 따라 이별의 아픔을 치유하다 76
메타세쿼이아길, 아름드리 나무 길에서 비움을 배우다 86

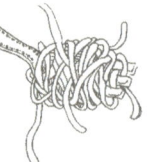

Part. 3
향수 어린 추억이
그리울 때

개미마을길, 상상의 나래를 마음껏 펼치다 98
서촌길, 옛 서울의 정취를 느끼다 108
세종로, 천년을 간직한 역사와 조우하다 120
성균관길, 캠퍼스의 낭만을 찾아 떠나다 130

Part. 4
어디론가
떠나고 싶을 때

프로방스길, 파주의 끝에서 자유를 외치다 142
항동 기찻길, 느림의 미학을 온전히 느끼며 걷다 154
신라호텔 조각공원길,
유유자적한 도심 속 산책을 즐기다 164

부록

밤이 아름다운 길,
야경 예찬

안산 도시 자연 공원 176
북서울 꿈의 숲 178
와룡공원 180
월드컵공원 속, 평화&하늘 공원 182
강변 테크노마트 옥상, 하늘공원 184
반포대교 달빛 무지개 분수 186
동작대교 구름&노을 카페 188
광진교 리버뷰 8번가 189
청담대교 190
용산도서관 192
이진아 기념 도서관 194

-
브런치 노천카페에서 아메리카노를 마시며
뉴욕 맨해튼의 분위기를 한껏 누려 본다.
오믈렛을 먹으며 친구와 밀린 수다를 나누고
이국적인 풍경을 마음에 담다 보면,
거짓말처럼 어느새 몸과 마음은 활력으로 채워진다.
-

느릿느릿
첫 번째 산책 이야기

무한 에너지를
충전하고 싶을 때

회나무길

이국적인 풍경에 마음을 빼앗기다

산책 예찬

이태원 회나무길은 경리단길로 더 알려져 있다. 경리단길로 불리는 이유는 육군중앙경리단이 있기 때문이다. 이름에서 엿볼 수 있듯이 육군중앙경리단은 육군 예하 부대에 대한 예산 집행을 하는 곳이다.

이 산책로는 이태원에 있는 여느 길에 비하면 한산한 편이다. 길 양옆에는 예쁜 카페와 독특한 음식점, 테마숍들이 있으며, 길 끄트머리에는 남산공원도 자리하고 있어 공원 산책에 그만이다.

이국적인 북유럽 스타일의 제품을 마음껏 구경하거나 노천 카페에 앉아 향기로운 커피를 즐기며 브런치를 마음껏 즐기다 보면 어느덧 회나무길의 마지막 장소인 남산공원에 다다르게 된다.

서울의 허파로 불리는 남산공원에는 조깅과 산책을 즐기는 외국인들을 쉽게 만날 수 있다. 회나무길이 이국적인 느낌을 풍기는 이유는 많은 외국인이 이곳에서 숨을 쉬고, 생활을 하고 있기 때문인 듯하다.

🎧 노래　토이의 〈그럴 때마다〉

📖 책　류시화의 시집 《지금 알고 있는 걸 그때도 알았더라면》.
　　　"지금 알고 있는 걸 그때도 알았더라면 더 즐겁게 살고, 덜 고민했으리라."

👟 길벗　카페에 앉아 한가로이 책을 읽거나 토이의 노래를 들으며 혼자놀기에 빠져 보는 것도 좋다.

회나무길 산책 코스

약 2.45km / 소요시간 45분
1. 버터컵 커피&베이커리 - **2.** T.G - **3.** 폴란드 그릇 노바 - **4.** 남산공원

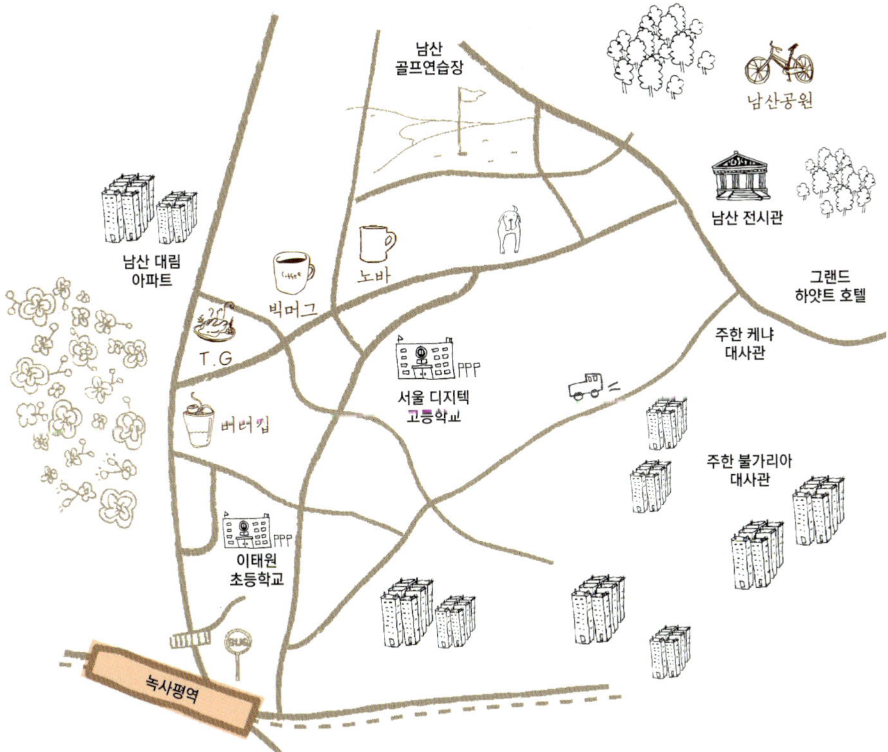

산책 가는 길

전철 | 6호선 녹사평역 1번 출구에서 도보 10분

버스 | (간선) 143, 401, 406, 421, 730 / (마을) 용산 03

 ## 버터컵 커피&베이커리

회나무길 첫 번째 장소

노천카페에 앉아서 커피를 마시는 것은 참으로 유쾌한 일이다. 살며시 부는 바람과 따뜻한 햇살 그리고 다양한 사람들의 이야기가 끝임없이 리필된다. 한껏 들떠 있는데 지나가는 어느 외국인과 눈이 마주쳤다. 이내 그는 나에게 윙크를 날리며 지나갔다. 이태원이라는 장소가 주는 이국적인 풍경 때문일까. 부끄러움은 온데 간데 없어졌다. 도리어 내게 윙크한 미국인인지 아니면 아프리카인인지 모를 그에게 손을 들어 "그대에게 행운이 함께 하기를." 이라고 화답해 주고 싶은 충동이 마구 일었다.

부드러운 미소로 손님을 대하는 버터컵의 주인장을 닮은 이 가게는 무엇을 골라 먹든지 정성 가득이다. 보기에도 촉촉한 호두 머핀은 어찌나 부드러운지 입안에서 사르르 녹는 듯하다.

이곳으로 가려면
회나무길 진입 전에 만날 수 있다. 6호선 녹사평역 1번 출구 옆에 있는 횡단보도를 건넌 후 왼쪽으로 걷다 보면 만날 수 있다.
전화 | 02-798-2126   시간 | 07:00~23:00

정성으로 만든 호두 머핀.

T.G

회나무길 두 번째 장소

브런치 식당인 T.G의 이국적인 내부는 마치 뉴욕에 와 있는 기분이다. 이 가게의 음식 맛을 책임지고 있는 주인장은 나이에 비해 경력이 화려하다. 그랜드 힐튼 호텔에서 10년을 일한 후 미국으로 건너가 일식을 전문으로 하는 음식점에서 6년을 일했다. 이러한 경험 덕분에 T.G의 음식은 본토의 맛에 가깝다. 하지만 신기하게도 한국인 입맛과 100%의 싱크로율이다. 특히 오믈렛은 한 번 먹게 되면 회나무길에 다시 오고 싶을 정도로 일품이다. 생크림 같은 질감의 달걀 지단이 오믈렛 속 신선한 토핑과 만나 입안에서 부드럽게 씹힌다. 평생 잊지 못할 최고의 음식은 절대 쉽게 찾아지지 않는다는데 지금껏 먹어 본 오믈렛 중에서 단연 최고이다.

이곳의 인기 메뉴인 맛있는 오믈렛.

이곳으로 가려면
회나무길 초입 방향으로 3~5분 정도 걷다 보면 오른쪽에 보이며, 빅머그 카페 바로 옆에 있다.
전화 | 02-749-8005   시간 | 11:00~22:00

회나무길 세 번째 장소

폴란드 그릇 노바

폴란드 그릇 나라로
들어가는 통로.

예쁜 그릇을 발견하면 곧바로 머릿속에 기분 좋은 상상이 그려진다. '나중에 결혼하면 저 그릇에 음식을 담아야지', '주전자는 저런 스타일로 구입할 테야.' 대개 여자들은 그릇 욕심이 많은 편이다. 미혼인 나 역시 그릇에 관심이 많아서 이곳을 발견했을 때 쾌재를 불렀다. 지하 통로를 따라 가게 안으로 들어서면 예쁜 폴란드가 펼쳐진다.

이곳의 폴란드 식기는 문양만 해도 2,000여 가지가 넘는다. 가게를 운영하는 주인장은 영국 유학 시절에 폴란드 식기를 보고 반했다고 한다. 이렇게 어여쁜 그릇에 음식을 소담하게 담아내어 누군가에게 대접한다면 만든 이도 먹는 이도 모두 행복해질 것이다.

이곳으로 가려면
회나무길로 진입해 5분 정도 걷다 보면 오른쪽에 보인다. 폴란드 그릇 노바 앞에는 횡단보도가 있다.
전화 | 070-8953-9943   시간 | 12:00~19:00(일요일 휴무)

회나무길 네 번째 장소

남산공원

서울타워 가는 길에서 만난 산책길과 큰 연못.

남산은 중국의 변검과도 같이 무척 다양한 얼굴을 지니고 있다. 남산에 대한 이미지는 어떤 길을 따라 올라왔느냐에 따라 달라지는데, 명동, 장충단 공원, 서울역에서 만나는 남산의 표정이 모두 다르다. 그 중에서도 특히 회나무길에서 만난 남산의 전경은 산책자의 길로 가장 적합하다.

남산공원은 중구와 용산구에 걸쳐 산책로가 잘 정비되어 있어 느릿느릿 걷기에 좋다. 공원은 야생화원, 팔도 소나무 단지, 연못, 향기식물원, 약용식물원, 죽림원 등으로 꾸며져 있다. 서울타워로 향하는 길도 있다. 용산과 가까워서 그런지 외국인들이 조깅을 하거나 개를 데리고 산책하는 모습도 간간히 보인다.

이곳으로 가려면
폴란드 그릇 노바 정문을 등지고 오른쪽으로 걸으면 하얏트 호텔 옆에 위치해 있다.
전화 | 02-3783-5900

오복길

보는 즐거움에 흠뻑 빠지다

산책 예찬

쉬엄쉬엄 느긋하게 거닐 수 있는 솔내길, 빈티지 의류 숍과 타로점집이 모여 있는 홍통길, 젊은 예술가들을 지원하는 상상마당이 위치한 피카소길, 밤이면 휘황찬란해지는 클럽거리, 미술학원이 많이 모여 있는 미술학원거리, 온 동네의 벽이 도화지가 된 벽화거리……. 홍대는 개성 넘치는 길이 많기로 유명하다.

오복길은 가장 느긋하면서도 차분한 길이다. 흡사 도쿄의 다이칸야마를 연상시킨다. 오복길로 불리던 와우산로의 옛 이름에서 유래하였다.

사는 게 무료하다고 느껴질 때면 이 길을 거닐어 본다. 길을 걸으며 옷 구경을 하고, 커피 한잔을 마시다 보면 무료한 것이 무엇인지 심심한 것이 무엇인지를 금세 잊어버리게 된다.

책 한 권 들고 나가 하루 종일 독서하기에도 제격이다. 보는 즐거움이 가득한 오복길에는 가만히 앉아서 쉴 수 있는 공간도 가득하다.

- 🎧 노래   자우림의 〈하하하쏭〉
- 📖 책   피천득의 《인연》. "아깝고 찬란한 다시 못 올 시절이다."
- 길벗   오복길은 친구와 가면 더욱 즐겁다. 그동안의 밀린 수다를 나누고 구두와 액세서리 등 예쁜 것도 함께 구경하다 보면 시간이 훌쩍 지나간다.

오복길

오복길 산책 코스

약 380m / 소요시간 30분

1.미농 – **2.**덤보339 – **3.**쁘띠 브아 – **4.**뒤빵 – **5.**모모로 라운지 – **6.**서교동 성당

산책 가는 길  전철 | 2호선 홍대입구역 8번 출구에서 도보 10분
버스 | (간선) 271, 273, 602 / (지선) 6712, 6716, 7016, 7711 / (마을) 마포 05, 06, 09, 15

 ## 미농

오복길 첫 번째 장소

마음 맞는 친구가 오래가듯이 내 발에 맞는 구두를 오래 신는 법이다. 아무리 예뻐도 내 발에 맞지 않으면 함께 나설 수 없다. 걸을 때마다 불편함을 느낄 뿐만 아니라 멍이라도 생기는 날에는 하루종일 발이 신경 쓰이기 때문에 어느새 신발장 안으로 자취를 감추고 만다. 하물며 사람도 마찬가지이다.

미농은 수제화를 판매하는 가게이다. 젊은 여성들이 좋아할 만한 디자인의 구두가 많다. 수제화라서 그런지 마치 늘 신던 신발마냥 편하다. 오복길에 온 여성들은 길을 걷다가 미농 앞에 잠시 멈춰 서게 된다.

가게 밖 쇼윈도에서 구두를 바라보고 있었더니 문득 언젠가 읽은 책의 구절이 떠올랐다.

"이 구두가 너를 예쁜 곳으로 데려다 줄 거야."

이곳으로 가려면

2호선 홍대입구역 8번 출구로 나와 농협과 세븐스프링스 사잇골목으로 들어가다가 오른쪽으로 방향을 돌린다. 첫 번째 골목으로 들어가면 오복길이 시작된다.
전화 | 02-338-0952   시간 | 13:30~23:00

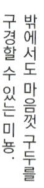
밖에서도 마음껏 구두를 구경할 수 있는 미농.

오복길 두 번째 장소

덤보

오복길이 예쁜 이유는 숍들 덕택이다. 근사한 가게들이 저마다의 개성을 드러내고 있기 때문이다. 패션 멀티숍인 덤보도 여기에 한몫했다. 노란색 건물인 덤보는 거리에 생기를 더해 주는 듯 오복길에서도 단연 눈에 띈다.

'뉴욕 맨해튼 다리의 아래 길'을 뜻하는 이곳의 주인장은 패션 디자이너 출신으로 건물 전체를 직접 디자인하고 설계했다. 그래서인지 숍 안을 가득 채운 옷, 가방, 신발에서 주인의 세련된 안목이 느껴진다. 친절한 주인장 덕분에 눈치 보지 않고 천천히 구경할 수 있어 더욱 좋다.

이곳으로 가려면
2호선 홍대입구역 반대 방향으로 걷다 보면 오른쪽에 보인다.
건물 색이 노란 색이라서 눈에 금방 띈다.
전화 | 02-336-3391   시간 | 13:00~22:00

빈티지한 감성이 물씬 풍기는 신발.

보통날의 서울 산책

 ## 쁘띠 브아

오복길 세 번째 장소

오복길은 아침 일찍 오픈하지 않는다. 정오가 가까워서야 서서히 기지개를 켠다. 쁘띠 브아는 '작은 숲'이라는 뜻을 가진 카페답게 아기자기하게 꾸며져 있다. 주인이 건축학도 출신이라 그런지 공간 활용이 잘되어 있다. 덕분에 가게 안은 본래 크기보다 훨씬 넓고 여유롭다. 작은 숲 쁘띠 브아의 커피는 깊고 진하다. 한 모금만 마셔도 강한 향이 몸 안에 순식간에 퍼지는 느낌이다. 분위기가 비교적 따뜻하고 자유롭기 때문에 책을 읽거나 친구와 이야기꽃을 피우기에도 제격이다. 가게 내부뿐 아니라 외관도 신경을 쓴 흔적이 역력하다. 심혈을 기울여서일까. 쁘띠 브아는 오복길을 지나는 사람들의 시선을 사로잡는다.

이곳으로 가려면
쁘띠 브아는 덤보 바로 옆에 있다.
전화 | 02-336-3391　시간 | 11:30~23:00

건축의 완성은 사람이라 했던가.
건축학도가 만든 작은 숲의 간판은
사람을 기분 좋게 만든다.

오복길 네 번째 장소

뒤빵

식탁 위에 꽃이 피면
나누는 대화도 아름다워진다.

뒤빵은 홈메이드 키친 스타일의 요리를 선보이는 가게이다. 독특한 일러스트로 꾸며진 담벼락과 아늑한 인테리어 덕분에 음식을 먹고 나면 분위기까지 머릿속에 깊이 각인된다. 주말에는 앉을 자리가 없을 정도로 붐빈다. 조금 여유 있게 즐기고 싶다면 평일에 찾아가는 것이 좋다.

날씨가 특별히 좋은 날, 야외 테이블에서 먹는 식사는 더욱 꿀맛이다. 뒤빵의 음식들은 홈메이드 키친 스타일에 걸맞게 마치 정성이 가득 담긴 집밥을 연상시킨다. 두툼한 스팸을 따끈한 밥 위에 얹어 먹는 소박한 식사는 일상의 행복을 느끼게 해 준다. 집밥이 그리울 때 배고픈 마음까지 달래 줄 수 있을 듯하다.

이곳으로 가려면
뒤빵은 쁘띠 브아 바로 옆에 있다.
전화 | 02-336-3613   시간 | 11:00~24:00(월요일 휴무)

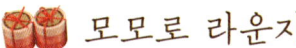 ## 모모로 라운지

오복길 다섯 번째 장소

리얼 빈티지 드레스로 유명세를 떨친 '로미와'표 의류는 물론 인테리어 소품과 자체 문구 브랜드까지 제작하는 멀티숍이다. 빈티지 스타일리스트로 유명한 '로미와' 주인장이 일본과 미국, 유럽에서 수집한 1970~1980년대 로맨틱 드레스와 액세서리, 오리지널 빈티지 장난감으로 아기자기하게 장식한 숍을 구경하는 재미가 쏠쏠하다. 숍 한편에는 원단의 패턴을 이용해 직접 디자인한 빈티지 스타일의 문구류를 판매하고 있어 쇼핑 욕구를 자극한다. 물건을 구입하지 않더라도 마음에 든다면 "다음번엔 꼭 사야지."하며 눈도장을 찍어 두는 것은 필수이다.

미소 짓게 만드는 귀여운 인형들.

이곳으로 가려면
뒤빵 정문을 등진 자세에서 오른쪽으로 조금 걷다 보면 만날 수 있다.
전화 | 02-325-6248   시간 | 11:00~22:00

오복길 여섯 번째 장소

서교동 성당

사람들은 가진 것에 감사해하기보다 가지지 못한 것에 속상해하고 부러워한다. 좋은 직장과 연봉, 호감형의 외모, 멋진 배우자가 인생의 전부는 아닌데 말이다. 별 탈 없이 건강하게 살고 있음에 감사해하고, 맛있는 음식을 먹고, 주위 사람들을 만날 수 있고, 마음껏 산책할 수 있어서 감사해하자.

조용한 주택가에 자리하고 있는 서교동 성당의 문은 사람을 가리지 않는다. 누구에게나 쉬어 갈 수 있는 관대함을 지니고 있다. 성당 안으로 들어가면 미사를 드리는 조그마한 예배당이 눈에 들어온다. 성당 안과 밖을 둘러보고 나니, 마치 마음씨 좋은 어른을 만난 기분이 든다.

이곳으로 가려면
모모로 라운지 정문을 등진 자세에서 오른쪽으로 CAFE RONIN이 있다. 여기서 한 블럭 더 가면 오른쪽으로 골목길이 나온다. 골목길을 따라 3분 정도 걸으면 서교동 성당이 있다.
전화 | 02-326-1784

오복길에서 건진 멋진 대사

오복길 근처에는 27년의 역사를 자랑하는 소극장 '산울림'이 있다.
소극장 산울림에서는 지금까지 수많은 연극을 공연했는데, 그중 〈고도를 기다리며〉는 세계 언론으로부터 "산울림의 〈고도〉는 세계의 고도"라는 격찬을 받기도 했다.

"이 세상 눈물의 양엔 변함이 없지.
어디선가 누가 눈물을 흘리기 시작하면
한쪽에선 눈물을 거두는 사람이 있으니 말이오.
웃음도 마찬가지이지요.
그러니 우리 사회가 나쁘다고는 말하지 맙시다.
우리 시대라고 해서 옛날보다 더 불행할 것도 없으니까 말이오.
그렇다고 좋다고 말할 것도 없이.
그런 얘긴 아예 할 것도 없어요."

– 연극 〈고도를 기다리며〉 중에서 포조의 대사 –

"인생은 연극이고 세계는 무대이다"

"제 발이 잘못됐는데도 구두 탓만 하니,
그게 바로 인간이라는 거지."

- 연극 〈고도를 기다리며〉 중에서 블라디미르의 대사 -

"나도 그 사람을 만나게 됐으면 기쁘겠소.
난 사람을 많이 만날수록 기쁘단 말이오.
아무리 하찮은 인간을 만나더라도 배울 점이 있고 마음이 푸짐해지고
더 많은 행복을 맛보게 되니까.
그러니 당신들도 내게 무엇인가 안겨 준 게 있을지도 모르지."

- 연극 〈고도를 기다리며〉 중에서 포조의 대사 -

동대문 미로길

훈훈한 사람의 정을 나누다

산책 예찬

사고 싶은 것들의 목록이 늘어날 때면 늘 동대문으로 향한다. 동화시장으로도 불리는 이곳에는 귀엽고 예쁜 그림들이 가득하다. 시장의 특성을 재미있게 표현한 그림들을 감상하고 있으면 피로가 저절로 풀린다. 그림은 계단, 방화문, 옥상에서도 쉽게 만날 수 있다.

동화시장은 동대문 원단 시장과는 다른 곳이다. 완성된 옷이 아닌, 옷을 만드는 데 필요한 부자재를 파는 상가이다. 시장 안에는 재봉틀 돌아가는 소리와 바쁘게 일하는 사람들의 열기로 가득하다. 1층과 2층에서는 예쁜 단추를 살 수 있으며, 직업이 디자이너로 보이는 멋진 이들도 많이 만날 수 있다.

1969년에 세워진 건물이지만 건물 안은 늘 새로운 에너지가 넘친다. 에너지의 원천은 물론 사람들이다. 상가 안을 채운 그림이 예뻐 보이는 이유도 이곳의 사람들이 열심히 살아가고 있기 때문이다. 동화시장은 인생이라는 길고 복잡한 미로길에서 만난 또 하나의 피로회복제이다.

- 노래 김동률의 〈출발〉
- 책 오쿠다 히데오의 《남쪽으로 튀어》.
  "고독을 두려워하지 마라. 이해해 주는 사람은 반드시 있어."
- 노래 가까운 지인과 함께 미로 같은 동대문을 산책해 본다.

동대문 미로길

동대문 미로길 산책 코스

약 1.6km / 소요시간 35분

1.동화시장 - **2.**청계천 - **3.**책방거리 - **4.**동대문역사문화공원 - **5.**에베레스트

산책 가는 길   전철 | 2, 4, 5호선 동대문역사문화공원역 14번 출구에서 도보 5분
버스 | (간선) 105, 144, 163, 152, 202, 261, 301, 407, 420, 500 / (지선) 2012, 2014, 7212
(마을) 종로 03

😊 동화시장

동대문 미로길 첫 번째 장소

늘 활기가 넘치는 파란색의 동화시장 건물은 1969년에 지어졌다. 건물 안에는 700여 개의 점포와 2,000여 명의 상인이 분주하게 움직인다. 주로 원단과 단추, 스팽글 같은 의류가 완성되기까지 필요한 부자재들을 판매하는 상가이다. 다닥다닥 붙은 작은 점포 안은 재봉틀 돌아가는 소리로 분주하다.

동화시장을 유명하게 만든 그림은 3층 철제 방화문과 계단, 옥상에 주로 그려져 있다. 일하는 이들이 많이 다니지 않는 곳 위주로 건물을 둘러보자. 열심히 일하는 사람들이 있는 공간인 만큼 되도록이면 방해가 되지 않는 범위에서 둘러보는 것이 이들의 삶에 대한 예의라는 생각에서 말이다.

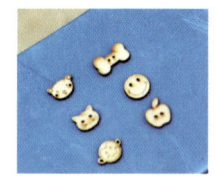

동화시장에서 개당 150원에 구입한 단추. 옷에도, 가방에도 잘 어울릴 듯하다.

이곳으로 가려면

2, 4, 5호선 동대문역사문화공원역 14번 출구에서 나와 직진으로 걷다 보면 밀리오레를 지나 왼쪽으로 길이 나 있다. 그길로 들어간 후 조금만 걸으면 오른쪽에 동화시장이 보인다.

전화 | 02-2265-9611   시간 | 07:00~19:00

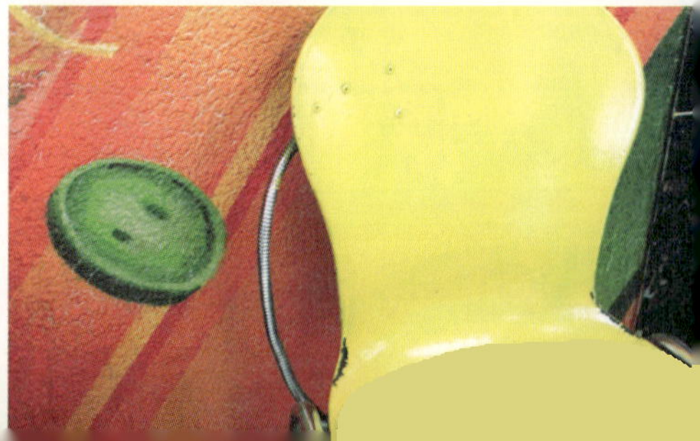

 청계천

동대문 미로길 두 번째 장소

"다음에 밥 한 번 먹자." 하며 하루에도 몇 번씩 공수표를 남발하며 사는 사람들. 아직 부도가 나지 않은 것이 기적이다. 이날도 어김없이 청계천에서 공수표 한 장을 하늘에 뿌린다. "다음에는 꼭 끝까지 걸어 봐야지."

청계천의 옛 이름은 개천이다. 조선 초에 만들어지기 시작한 청계천은 세종대왕 때 지천과 세천에 추가 정비를 한 후에 생활하천으로 규정되었다. 지금의 청계천은 2003년 7월에 시작한 청계천 복원사업으로 새롭게 정비되었다.

동대문에서 청계천을 볼 수 있다는 것은 행운이다. 관광객들은 하나 더 늘어난 볼거리에 저마다 카메라를 꺼내 든다. 청계천 덕분에 동대문에는 이제 쇼핑이 목적이 아닌 사람들도 많이 찾는다. 참고로 비가 내릴 확률이 60% 이상이거나 비가 내리면 출입이 통제된다.

이곳으로 가려면
평화시장 앞쪽에 있는 횡단보도를 건너면 바로 보인다.

동대문 미로길 세 번째 장소

책방거리

내게 책이란, 신이 모든 곳에 있을 수 없어 사람들에게 나누어 준 것이라고 본다. 책에는 길이 있고, 지혜가 있다. 내가 알고 싶은 것, 모르고 있던 것, 알아야 하는 모든 이야기가 담겨 있다. '헌책방길'로도 불리는 동대문 책방거리는 평화시장 상가와 청계천 사이에 줄지어 있다. 올망졸망 붙어 있는 크고 작은 책방들은 참고서, 잡지, 종교, 외국 서적을 판매한다. 옛날에 비해 책방 수도, 찾아오는 이들도 크게 줄었지만 책이 풍기는 향기와 저렴한 가격만큼은 예나 지금이나 변함이 없다.

이곳에서 헌책을 한 번 구입해 본 이후부터 지금까지도 계속 이 거리에서 책을 산다. 책 상태는 비교적 깨끗한 편인 데다 가격도 저렴하다. 아직도 이곳이 변치 않고 남아 있는 이유는 바로 이와 같은 소소한 매력이 묻어 나기 때문이다.

이곳으로 가려면
밀리오레 정문을 등진 자세에서 왼쪽으로 걷다 보면 평화시장, 앞쪽에는 횡단보도와 청계천이 보인다.
횡단보도를 건너기 전, 왼쪽으로 보면 책방이 길게 늘어서 있다.

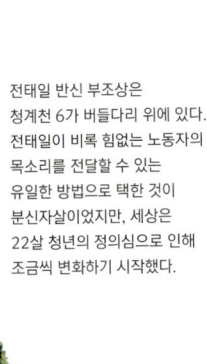

전태일 반신 부조상은
청계천 6가 버들다리 위에 있다.
전태일이 비록 힘없는 노동자의
목소리를 전달할 수 있는
유일한 방법으로 택한 것이
분신자살이었지만, 세상은
22살 청년의 정의심으로 인해
조금씩 변화하기 시작했다.

동대문 미로길 네 번째 장소

동대문
역사문화공원

디자인 갤러리에
전시된 작품들.

'즐겁게 춤을 추다가 그대로 멈춰라. 걱정하지 말고, 우울해하지도 말고, 불안해하지도 말고 그냥 즐겁게 춤을 추다가 그대로 멈춰라.'
동대문역사문화공원은 흡사 춤을 추다가 그대로 멈춰 버린 듯하다. 새 옷으로 옷만 갈아입었을 뿐이지, 사람들이 남긴 함성과 세월이 새겨 놓은 흔적들은 여전히 그대로이다. 해방 이후에는 각종 기념식과 체육 행사가 열렸던 이곳은 우리에게 동대문 운동장으로 잘 알려진 테마 공원이다. 2007년에 동대문 운동장이 철거되고, 대대적인 공사 후 동대문역사문화공원으로 개장되었다.

이곳으로 가려면
1. 동대문역사문화공원은 밀리오레와 두산타워 맞은편에 위치해 있다.
밀리오레나 두산타워에서 길을 건너면 동대문역사문화공원으로 들어가는 곳을 만날 수 있다.
2. 2, 4, 5호선 동대문역사문화공원역 1번 또는 2번 출구로 나오면 만날 수 있다.
전화 | 02-2266-7077   시간 | 10:00~21:00

 ## 에베레스트

동내문 미로길 다섯 번째 장소

에베레스트(꿈의 장소)는 알프스에만 있는 것이 아니다. 수없이 많은 에베레스트를 꿈꾸고, 오르다가도 때로는 좌절하기도 한다. 하지만 동대문에 있는 에베레스트는 힘들지 않다. 오히려 맛있고 신선하다. 그래서 휴일이면 오르고 싶어진다.

넓은 실내, 이국적인 인테리어, 독특한 음식을 자랑하는 동대문 에베레스트는 인도·네팔 전문 음식점이다. 주인장과 종업원 모두 인도인이다. 가게 안에는 인도풍의 노래가 흐르고, 종업원으로 보이는 인도 여성은 음악에 맞춰 즉석에서 인도 노래를 불러 준다. 인도 빵인 난, 채소와 감자를 빵 안에 넣어서 만든 알루 프라타, 우유를 넣어 끓인 찌야 등은 이름이 생소할 뿐, 먹어 보면 한국인의 입맛에도 잘맞는다. 특히 요구르트 더히는 에베레스트를 다시금 찾게 만드는 일등공신 중 하나이다.

인도식 요구르트인 더히의 맛은 상상 그 이상으로 맛있다.

이곳으로 가려면
동대문역사문화공원에서 청계천 방향으로 걷다가 4호선 동대문역 3번 출구에서 우리은행 옆에 있는 골목길로 들어가면 네 갈래 길이 나온다. 오른쪽으로 고개를 돌리면 민물장어집 2층에 에베레스트가 있다.
전화 | 02-766-8850   시간 | 11:00~22:30

꼼데가르송길

길에서 즐거움을 선물 받다

산책 예찬

꼼데가르송길은 지하철 6호선 한강진역에서 이태원역까지 이어지는 길을 말한다. 길 양옆으로 가구, 패션 디자이너들의 숍과 예술적인 분위기를 풍기는 음식점들이 늘어서 있다.

길의 간판 이름이 된 꼼데가르송 플래그십 스토어는 꼼데가르송길의 상징이라고 할 수 있는 랜드마크이다. 이곳은 패션 브랜드의 매장이지만 복합문화공간으로 더 많이 알려져 있다. 이유는 1층의 로즈 베이커리와 지하 2층의 갤러리 Six 때문이다. 특히 갤러리 Six는 신진 컨템퍼러리 작가들의 예술작품을 전시하는 곳으로, 세계 주요 미술관의 전시품을 무료로 관람할 수도 있다.

꼼데가르송길은 짧지만 강한 곳이다. 길은 그리 긴 편이 아니지만 하루를 보내기에는 충분할 정도로 알차다. 로즈 베이커리에서 딸기 타르트와 홍차를 마셔 보자. 도심속 호젓한 여유로움을 만끽하기에 더없이 좋다. 이어서 근처에 위치한 리움 미술관에 들러 몸과 마음에 아름다움을 듬뿍 채운다. 마지막은 외국인들도 자주 찾는 한식 전문점 코카페 고메홈에서 하루를 마무리한다. 그야말로 꼼데가르송길 산책은 예쁘고 건강한 코스이다.

노래 포터블 그루브 나인의 〈Amelie〉.
소녀와 같은 발랄함이 묻어나는 이 노래를 들으며 꼼데가르송길을 걸으면 마음이 들뜨게 된다. 마치 내가 귀엽고 사랑스러운 오드리 토투가 된 기분마저 든다.

길벗 꼼데가르송길은 혼자보다는 함께 산책하면 좋다. 동무가 많으면 많을수록 좋다.

꼼데가르송길 산책 코스

약 1.1km / 소요시간 20분
1.리움 미술관 – **2.**로즈 베이커리 – **3.**오월의 종 – **4.**코카페 고메홈

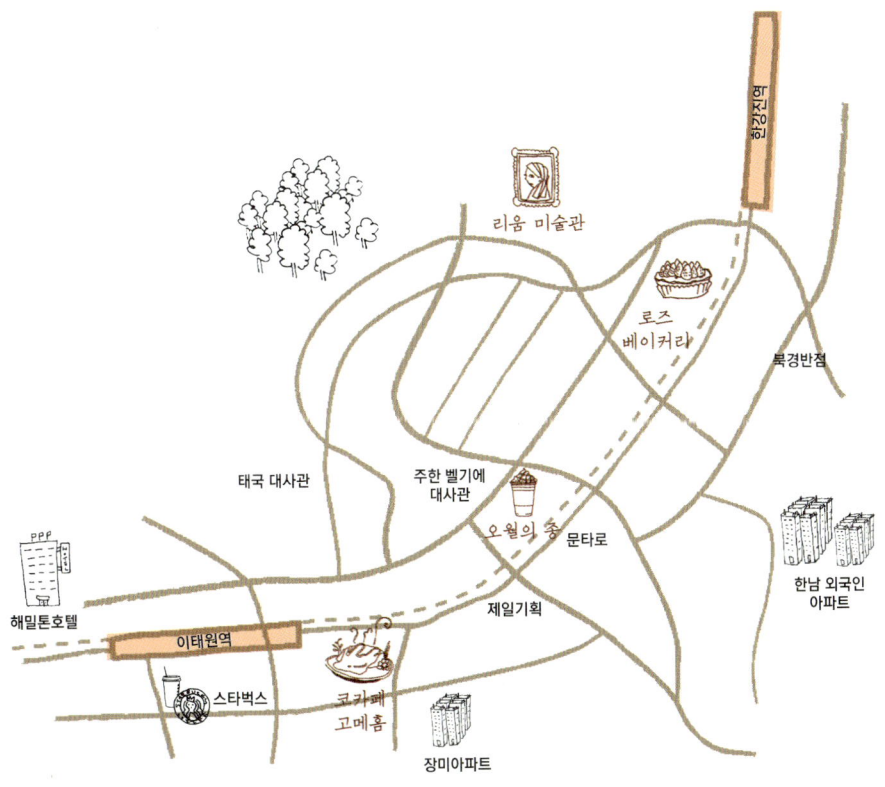

산책 가는 길

전철 | 6호선 한강진역 1번 출구에서 도보 2분, 이태원역 2번 출구에서 도보 3분
버스 | (간선) 142, 144, 402, 405, 407, 420 / (지선) 0018, 3011, 6211 / (마을) 용산 03

 ## 리움 미술관

꼼데가르송길 첫 번째 장소

2004년 개관한 리움 미술관은 과거와 현재, 미래의 예술문화를 아우르는 작품을 전시한다. 한국 고미술과 현대미술, 외국 근현대 미술을 폭넓게 감상할 수 있는 것은 리움 미술관이 가진 장점이다. 특히 리움이 소장하고 있는 한국 고미술 컬렉션은 국내 최고 수준으로 평가 받는다. 전시관은 매우 깨끗하고 쾌적해 미술관 내부만 돌아도 하루를 잘 보낸 듯하다.

작품에 대해 좀더 자세히 알고 싶다면 하루 두 차례 진행하는 큐레이터의 설명 시간에 참석하는 것도 방법이다. 오전과 오후에 한 회씩 열리며 로비에서 모여 출발한다. 안내방송이 나오니 관심이 있다면 참석해 보는 것도 좋다.

이곳으로 가려면
6호선 한강진역 1번 출구에서 100m 직진 후 오른쪽 골목에서 우회전하면 왼쪽에 보인다.
전화 | 02-2014-6900
시간 | 10:30~18:00(월요일 휴무)

무라카미 다카시 작품으로 일본 특유의 만화적 감성을 귀여운 이미지로 표현했다.

01 세 개의 건물로 이루어진 리움.
02 루이즈 부르주아의 작품 〈마망〉.
03 위에서 내려다 본 로툰다 스타일의 계단.

🍓 로즈 베이커리

꼼데가르송길 두 번째 장소

한남동에 위치한 로즈 베이커리는 유럽 스타일의 유기농 카페이다. 파리와 런던에도 매장이 있다. 한쪽 벽이 전면 유리로 되어 있어서 세련된 분위기가 느껴진다. 분위기만 좋은 것이 아니다.
유기농 밀가루와 영국산 시솔트 등 쓰는 재료도 좋은 것만 엄선하기 때문에 그런지 대부분의 이곳 빵은 부드러우면서도 쫄깃한 식감을 자랑한다. 특히 이곳의 인기 메뉴인 당근 케이크는 누구에게나 추천할 정도로 적당히 달면서도 담백한 맛이 일품이다.
이 건물의 지하에는 갤러리 Six가 있다. 로즈 베이커리에 왔다면 갤러리 Six는 물론 건물을 전체적으로 돌아보는 것도 신선한 경험이 될 것이다.

커피는 맛과 향으로 자신을 표현한다.

이곳으로 가려면
리움에서 나와 큰 도로가 있는 방향으로 향한다. 삼거리에서 오른쪽으로 걸으면 바로 보인다.
전화 | 02-790-7225   시간 | 08:00~20:00

꼼데가르송길 세 번째 장소

오월의 종

빵이 좋아 서른을 넘긴 나이에 제빵을 배우기 시작했다는 열정파 파티셰가 운영하는 오월의 종은 그야말로 빵을 제대로 만들 줄 아는 숨은 맛집이다. 직접 키운 천연 효모를 이용해 호밀빵을 만들기 때문에 칼로리를 걱정할 필요가 없다. 겉보기에는 투박하고 거칠어 보일지라도 한입 가득 베어 먹으면 호밀빵 특유의 바삭하고 고소한 풍미가 고스란히 전해진다.

이곳은 세계 각국에서 온 외국인들도 많이 찾는데 프랑스인들은 식사 대용의 바게트를, 일본인들은 팥이 듬뿍 들어간 단팥빵 등 나라별로 선호하는 빵 스타일이 제각기 다르다. 갓나온 따끈따끈한 오월의 빵 맛을 보고 싶다면 정오에 가는 것이 가장 좋다. 늦게 가면 벌써 매장 안의 빵은 동나서 없을지도 모르니까 말이다.

식욕을 자극하는
빵 특유의 고운 색감.

이곳으로 가려면
로즈 베이커리 정문을 등진 자세에서 6호선 이태원역 방향으로 걷다 보면 오른쪽에 보인다.
전화 | 02-792-5561   시간 | 08:00~23:00(일요일 휴무)

코카페 고메홈

꼼데가르송길 네 번째 장소

이곳의 첫인상은 여느 카페처럼 평범해 보이지만, 사실 이태원에선 꽤 유명한 식당이다. 약선 요리 전문가가 만든 한식집으로, 조미료를 전혀 사용하지 않은 저염식이어서 몸에 좋다. 음식마다 한국 특유의 멋이 배어 있어 그런지 외국인들도 즐겨 찾는다. 다양한 쌈밥과 산지 직영 식재료로 만든 비빔밥은 먹기가 아까울 정도로 예쁘게 담겨 나오는데 한입에 넣어 먹기에도 부담 없는 크기다. 정성스럽게 담은 쌈을 입안에 넣으면 마음까지 풍성해진다. 이렇듯 코카페 고메홈에서 주문한 음식들에서는 깊은 정성이 느껴진다.

이곳으로 가려면
오월의 종 정문을 등지고 이태원역 방향인 오른쪽으로 걷는다.
제일기획 건물을 지나 조금만 걷다 보면 왼쪽에 보인다. 도로에 위치해 있어 찾기가 쉽다.
전화 | 02-798-4565   시간 | 10:30~22:00(금, 토요일은 자정까지 운영)

쌈밥을 먹을 때마다 행복해진다.

꼼데가르송길이 가르쳐 준 예술가

"예술의 목적은 두려움을 정복하기 위한 것.
그 이상도 이하도 아니다."

- 루이즈 부르주아 -

2010년 5월 한 여성 조각가가 죽었다.
그녀의 향년 나이 99세.

그녀가 남긴 것은 조각 작품만이 아니었다.
작품과 함께 인생을 살면서 겪은 패배감과 두려움도 함께 남겼다.

꽤 오랜 세월 동안 예술가의 삶을 살 수 있었던 에너지는 어쩌면 어린 시절에 겪은
불행에서 나왔는지도 모른다. 루이즈 부르주아는 그 누구보다 혹독한 어린 시절을 보냈다.
그녀 주변엔 정상적인 것이 없었다. 부모의 불륜과 죽음, 형제들의 비정상적인 사생활은
불행을 넘어 그녀를 소외와 고립으로 몰아넣었다.

루이즈 부르주아는 초기 작품에서 추락하는 두려움, 이후에는 다치지 않고 추락하는 방법을,
그 다음에는 버티는 예술을 표현했다.

리움 미술관 야외에 전시된 〈마망〉은 루이즈 부르주아가 말년에 작업한 작품이다.
소중한 알들을 품고 있는 거대한 거미를 표현한 작품인 〈마망〉은 엄마를 뜻한다.

99세의 나이로 사망하기까지 그녀를 예술가로 남게 한 힘,
세상이라는 무대에서 버티게 한 힘은 바로 사랑이었다.

-
마음이 어지럽거나 기분이 울적한 날에는
우울함을 떨쳐 낼 수 있는 산책로가 곁에 있다.
어깨에 짊어지고 있는 묵직한 책임감을 걸어온 흙길 위에
조용히 내려놓으면, 새카맣게 타들었던 회갈색의 마음은
언제 그랬냐는 듯 진초록 나무 이파리처럼 빼곡히 메워진다.
-

느릿느릿
두 번째 산책 이야기

우울이 인생에
태클을 걸어올 때

서래 올레길

몽마르뜨 언덕에서 위로를 받다

> 산책 예찬

서래 올레길을 만나려면 서래마을을 지나야 한다. 서래마을은 프랑스 사람들의 조용한 삶이 느껴지는 마을이다. 서래마을에서는 프랑스 아이들이 다니는 프랑스 학교와 어린이 놀이터도 볼 수 있다.

'프랑스' 하면 카페를 빼놓을 수 없다. 서래마을에는 여유가 넘치는 카페가 무척 많다. 커피를 마시고 머핀을 먹은 후 서래 올레길로 향한다. 서래 올레길은 몽마르뜨 공원을 중심으로 양옆으로 뻗어 있다. 누에다리를 건너 만나게 되는 길과 서리풀다리를 건너 만나게 되는 길이 있다.

서리풀다리를 건너 만나게 되는 올레길은 진짜 산속을 걷는 듯한 착각이 든다. 서울에서, 그것도 강남에서 흙길을 밟을 수 있는 곳은 마치 보물을 발견한 듯하다.

꽃과 풀로 예쁘게 꾸며진 서래 올레길을 걸으면 괜시리 기분이 좋아진다. 걷기는 신이 인간에게 준 최고의 선물이라는 말이 괜한 말이 아님을 깨닫게 된다. 행복은 돈으로 살 수 없다. 행복은 발품을 팔아야 얻을 수 있는 것이다.

 노래   토미 페이지의 〈A Shoulder To Cry On〉
 책   잉게보르크 바하만의 《삼십세》. "일어서서 걸으라. 그대의 뼈는 결코 부러지지 않았으니."
 길벗   사랑하는 이와 함께 노래를 들으며 걷고 또 걷고 싶다.

서래 올레길 산책 코스

약 4.28km / 소요시간 1시간 10분
1.반포천 – 2.마노핀 – 3.서래 올레길 – 4.오시정

 산책 가는 길

전철 | 3, 5, 9호선 고속터미널역 5번 출구에서 도보 15분
버스 | (간선) 102, 104, 106~109, 140, 143, 149, 150, 160, 162, 273, 301, 710
　　　(지선) 2112 / (마을) 종로 07, 08, 서초 13, 14, 21

 ## 반포천

서래 올레길 첫 번째 장소

반포천은 참으로 걷기 좋은 산책로이다. 이름 모를 풀과 꽃은 걷는 이들의 눈을 쉬게 만들고, 흐르는 물은 마음을 편안토록 격려해 준다.

서래마을이라는 이름이 생겨나게 된 연유인 반포천은 야트막한 구릉을 타고 내려온 물이 서리서리 구비쳐 흐른다는 뜻에서 서래마을이 되었다. 1960년대 말까지만 해도 말갛던 반포천은 1970년대에 대규모의 강남 개발로 인해 악취가 진동하는 하수관으로 전락하기도 했다. 최고급 아파트와 서래마을 사이에 있는 지금의 반포천은 다행히 맑고 깨끗한 모습이다. 야생화를 심고 자전거 도로를 조성한 덕분에 반포천은 도심 속 생태하천으로 탈바꿈되었다. 산책로 중간에는 놀이터와 운동기구도 있어 즐거이 운동할 수도 있다. 이처럼 반포천에서 산책을 즐긴다는 것은 정말 기분 좋은 일이다.

이곳으로 가려면
3, 5, 9호선 고속터미널역 5번 출구로 나와 직진으로 걷다 보면 왼쪽 아래에 반포천이 펼쳐진다. 반포천은 생각보다 길다. 왼쪽에 육교가 보일 때까지 계속 걸으면, 좀 더 넓은 산책길이 나온다.

마노핀

서래 올레길 첫 번째 장소

이른 시간인데도 마노핀 매장 안은 벌써부터 향긋한 커피와 갓 구운 머핀 향으로 가득했다. 한편에선 모닝 커피를 로스팅하느라 분주함이 느껴졌다.

마노핀은 서래 올레길에서 적잖이 유명한 카페이다. 맛있는 수제 머핀이라는 뜻의 이곳에는 직접 손으로 만든 20여 가지의 머핀과 여기에 잘 어울리는 블렌딩 커피가 있어 많은 이들이 찾는다. 혼자와도, 둘이 함께 와도, 여럿이 와도 모두 편안하게 즐길 수 있다. 동네 주민으로 보이는 사람들이 마치 사랑방처럼 이용하기도 하며 인근에 사는 프랑스인들의 모습도 종종 볼 수 있다.

커피를 시키면 꼬마 머핀이 서비스로 나온다.

이곳으로 가려면
반포천에서 고속터미널 방향으로 5분 정도 걷다 보면 왼쪽에 육교가 나온다. 육교를 건너면 오른쪽에 있으며, 서래마을로 들어가는 길 초입에 보인다.
전화 | 02-536-9217   시간 | 08:00~22:00

서래 올레길 두 번째 장소

서래 올레길

서래 올레길은 무조건 걸어야 한다. 반포대로를 건너 작은 길로 들어서면 그림 같은 풍경이 하나둘 모습을 드러낸다. 차만 타고 다녀서는 절대 알 수 없는 것들, 올레길은 느리게 걷는 사람들에게만 특별한 즐거움을 허락해 준다.

몽마르뜨 공원을 중심으로 제법 긴 산책길이 조성되어 있다. 주변 환경은 자연 그대로를 유지하고 있어 마치 진짜 산속에 와 있는 듯한 착각마저 일게 한다. 빌딩들이 앞다투어 들어선 강남에 이처럼 녹지가 잘 조성되어 있는 것이 신기할 따름이다. 강남 안에서 흙을 밟을 수 있는 서래 올레길은 몽마르뜨 공원을 중심으로 누에다리를 지나는 코스와 서리풀다리를 지나는 코스가 있다. 몇 십분이라도 더 걷기를 원한다면 서리풀다리를 지나는 코스를 선택하는 것이 좋다.

이곳으로 가려면

서래마을로 진입해 방배중학교가 보일 때까지 걷는다. 방배중학교를 마주 본 상태에서 왼쪽 길로 향한다. 5분 정도 걸으면 몽마르뜨 공원 표지판이 보인다. 표지판 위에 보이는 다리가 서리풀다리다. 좀더 가면 누에다리가 나온다. 누에다리에서 서리풀 공원 끝까지 걷는 데에는 약 50분이 소요된다.

 ## 오시정

서래 올레길 네 번째 장소

다정한 부부와 볼이 발그레한 아기가 함께 식사를 하는 따뜻한 풍경의 오시정은 다섯 편의 시를 쓰는 마음이라는 뜻의 작은 갤러리형 카페이다. 가게 이름이 담고 있는 의미처럼 오시정 내부는 조용하면서도 따뜻한 갤러리를 연상시킨다. 직접 만드는 홈메이드 스타일의 음식과 함께 한쪽 벽에 전시된 감성 충만한 아트 작품들은 이곳을 찾는 사람들의 마음을 편안하게 만드는 마법을 지녔다. 저녁을 먹기에는 조금 늦은 시간에 찾은 오시정에서 바나나무땅콩을 마시며 쉼을 얻었다. 오시정의 모든 메뉴가 그렇듯 바나나무땅콩도 먹기에 아까울 정도로 예쁘게 세팅되어 나온다. 바나나가 들어 있어서 그런지 포만감 또한 크다. 서래마을 오시정이 좋은 또 하나의 이유는 바로 위치이다. 사람들의 왕래가 적은 골목의 2층에 위치해 있어 한껏 여유로운 시간을 보낼 수 있다.

언제든지 찾아가도
편안할 것만 같은 공간이다.

이곳으로 가려면
서래마을 길로 들어와 걸으면 오른쪽 길에 파리크라상과 주커피가 보인다.
파리크라상과 주커피 사이에 있는 길로 들어가 조금 걷다 보면 오른쪽에 위치해 있다.
전화 | 02-599-1224   시간 | 12:00~23:00

우리가 흔히 사용하는 '노블레스 오블리주'는 프랑스어다. 귀족의 의무를 뜻하는 이 말은 사회적 지위를 가진 사람일수록 솔선수범해야 한다는 의미이다.

이 말이 생겨난 이면에는 칼레의 시민이 관련되어 있다. 프랑스와 영국이 벌인 백년전쟁에서 영국은 프랑스 노르망디 해안에 위치한 작은 도시 칼레를 격파하지 못했다. 결국 화가 난 영국왕은 칼레 시민 모두를 죽일 각오를 했다.

하지만 주위의 간청과 탄원으로 여섯 명만 죽이기로 했다. 칼레 시민들은 순식간에 혼란에 빠졌디. 누가 여섯 명이 되느냐가 문제였다. 그때 한 사람이 나섰다.

"내가 그 여섯 명 중, 한 명이 되겠소."

사람들은 깜짝 놀랐다. 그 사람은 다름 아닌 칼레에서도 가장 부자로 손꼽히는 사람이었던 것이다. 그런데 놀라운 일은 여기서 그치지 않았다. 여섯 중 하나가 되겠다는 부자와 귀족, 시장, 법률가들이 줄지어 나타났다.

영국 왕은 여섯 명이 정해지자 처형을 명했으나, 왕비가 처형을 거두어 줄 것을 간청해 여섯 명 모두 풀려나게 되었다. 이후 이들의 용기와 두려운 일에 먼저 앞장서는 희생 정신을 '노블레스 오블리주'라고 부르게 되었다.

서래 올레길에는 이 노블레스 오블리주 정신이 깃들어 있다. 시민을 위한 공원에 기업들이 참여했으며, 기업들이 기증한 나무들은 서래 올레길 곳곳에 심겨 있다.

프랑스식 명예와 의무

평창동 미술관길

유쾌한 길 위에서 웃음을 회복하다

산책 예찬

평창동 언덕길은 거대한 미술 전시장 같다. 어느 날부터 하나둘 모여들기 시작한 미술관들은 평창동 언덕길을 예술 작품 세상으로 바꾸어 놓았다. 언덕을 따라 연결된 길에는 미술관들이 늘어서 있어 그야말로 작품을 원없이 감상할 수 있다.

비록 급경사 지역이지만 사람들이 많이 붐비지 않는다는 것 또한 매력이다. 그래서 한 번 오게 되면 시간이 천천히 지나는 예술 세계의 온기에 전염되고 만다. 미술관이 모여 있는 길을 벗어나 위로 더 올라가면 고급 주택들이 모여 있는 동네가 보인다. 고급 주택들이 모여 있는 길도 산책하기에 제격이다. 주택 앞은 마치 누구네 집 앞이 더 예쁜지 경쟁이라도 하는 듯 예쁜 꽃과 작품들로 꾸며져 있다. 이렇듯 동네는 또 하나의 미술 전시관이라고 해도 과언이 아니다.

고급 주택들 사이에 자리한 작은 놀이터는 마치 작은 쉼표 같아 보인다. 길을 걷다가 쉬어 가기에 좋다.

예쁜 볼거리가 가득해서일까, 북한산 자락에 있어서 공기가 맑아서일까. 평창동 미술관이 있는 언덕길은 여자들끼리 산책하기에 참으로 좋다.

 노래   화이트의 〈네모의 꿈〉

 길벗   둥근 세상인 평창동 미술관길은 누구와 오더라도 좋다. 길을 따라 걷다 보면 자연스럽게 예쁜 잔상들이 머릿속에 남겨진다. 세상을 둥글게 만드는 아름다운 것들이 길 위에 가득이다.

평창동 미술관길 산책 코스

약 505km / 소요시간 20분
1.김종영 미술관 - **2.**토탈 미술관 - **3.**가나아트센터 - **4.**모네 - **5.**평창길

산책 가는 길

전철 | 5호선 광화문역 3번 출구, 3호선 경복궁역 3번 출구에서 버스 탑승 후, 롯데아파트와 삼성아파트역에서 도보 5분

버스 | (간선) 110, 153 / (지선) 1020, 1711, 7211, 8153

보통날의 서울 산책

김종영 미술관

평창동 미술관길 첫 번째 장소

걱정이나 고민 같은 건 정신 건강에 해롭다. 이럴 때일수록 일부러라도 웃고 즐거워해야 한다. 웃다 보면 우울함은 어느새 저만치 달아난다. 미술관이 모여 있는 평창동 거리는 수많은 미술관이 모여 있는 동네로 갤러리 길에서 보고, 만지고, 느낄 수 있는 오감만족 산책길이다.

특히 아름다운 보물창고인 김종영 미술관은 한국 현대조각의 개척자인 김종영 선생이 조각에 전념하는 젊은 작가들을 응원하기 위해 설립한 곳으로, 전시실에는 다양한 조각들이 전시되어 있다. 이곳은 작품 관람 이외에도 미술서적을 갖춘 자료실과 편안하게 쉴 수 있는 카페가 있어 느긋하게 휴식을 취할 수 있다. 카페에 앉아 있으면 북한산이 보이는 멋진 풍경도 덤으로 감상할 수 있다.

이곳으로 가려면
5호선 광화문역 3번 출구, 또는 3호선 경복궁역 3번 출구에서 1711번, 1020번 버스를 이용해 삼성아파트에서 내린다. 오른쪽으로 가다 보면 왼쪽에 북한산 둘레길로 들어가는 길이 보인다. 오르막으로 된 길을 계속해서 걷다가 이때 왼쪽으로 난 길로 들어서면 김종영 미술관이다.
전화 | 02-3217-6484
시간 | (11~2월)10:00~17:00, (3~10월)10:00~18:00

내가 찾아간 날에는 김종영조각상 수상기념전 '어느 조각 모임'이 열렸다.

평창동 미술관길 두 번째 장소

토탈 미술관

헬렌 켈러는 "희망은 볼 수 없는 것을 보고, 만져질 수 없는 것을 느끼고, 불가능한 것을 이룬다."하고 말했다. 욕심과 질투, 분노는 사람을 지치게 만들 뿐이지만, 희망은 사람에게 살아갈 힘을 샘솟게 만든다. 그러니 바라던 일이 이루어지지 않아 마음이 몹시 상하더라도 희망을 다시 품어야 어둠의 늪에서 빠져 나올 수 있다. 따뜻한 희망을 품게 하는 방법은 의외로 간단하다. 긍정 에너지를 직접 찾으러 가면 된다.

평창동 미술관길의 토탈 미술관은 살아갈 힘을 주는 에너지와 같다. 국내 최초의 사설 갤러리인 토탈 미술관은 세속적인 겉치레나 형식을 탈피한 갤러리이다. 사소한 공간 하나, 틈 하나까지 제각기 개성이 다름에도 불구하고 활기가 넘치는 분위기이다. 한 바퀴를 돌고 나면 생기가 가득한 미술관의 에너지가 온몸으로 스며드는 듯하다. 덕분에 우울했던 기분은 언제 그랬냐는 듯 훌훌 털게 된다. 무거워진 마음을 벗고 긍정 에너지를 만끽하고 싶다면 토탈 미술관으로 향하길 추천한다.

이곳으로 가려면
김종영 미술관을 등지고 섰을 때 왼쪽으로 2~3분 정도 길을 따라 걷다 보면 만날 수 있다.
전화 | 02-379-3994   시간 | 11:00~18:00(월요일 휴무)

가나아트센터

평창동 미술관길 세 번째 장소

김종영 미술관을 시작으로 평창길을 따라 미술관 순례를 하다 보니 마치 종합 선물 세트를 받은 듯하다. 수준 높은 작품들이 많아서 그런지 가나아트센터는 세 번째로 들어간 미술관이었는데도 절대 지루하지 않다.

1983년에 개관한 가나아트센터는 기획전시도 활발히 열고 있으며 국제미술전에도 참가하는 등 미술의 발전을 위해 많은 노력을 하고 있다. 심플하면서도 세련미가 엿보이는 가나아트센터 건물은 프랑스의 유명 건축가 장 미셸 빌모트가 설계했다. 야외는 조각정원으로 꾸며져 있는데 관람석 중간에는 큰 소나무가 보이고 의자 또한 나무로 되어 있어 편안한 느낌을 준다.

한진섭 작가의 〈무제〉.

이곳으로 가려면
토탈 미술관을 등지고 왼쪽 길을 따라 2~3분 정도 걷다 보면 만날 수 있다.
전화 | 02-720-1020   시간 | 10:00~17:00

평창동 미술관길 네 번째 장소

모네

행복해서 웃는 게 아니라, 웃으면 행복해진다고 했던가. 온온한 분위기와 주인장의 친절한 미소가 오래도록 기억에 남는 이곳은 인기 드라마 배경지이기도 하다.

모네의 인기 메뉴인 단호박 카레.

모네는 아기자기한 인테리어가 돋보인다. 탁 트인 테라스에 앉아 식사를 하면 마치 유럽의 어느 마을에 온 듯하다. 바로 앞에는 미술관 옥션과 가나아트센터가 있다. 원래는 미술관 앞 음식점으로 유명했지만 지금은 차승원, 공효진이 열연을 펼친 드라마 〈최고의 사랑〉 촬영지로 더 유명하다. 이 집의 인기 메뉴는 단호박 카레이다. 호박 모양의 그릇에 담겨 나오는 단호박 카레 안에는 감자와 호박이 가득 들어 있다.

이곳으로 가려면
가나아트센터 정문 맞은편에 모네가 있다. 모네 앞에는 가나아트센터와 옥션이 보인다.
전화 | 02-395-6030   시간 | 10:00~22:00

# 평창길

평창동 미술관길 다섯 번째 장소

대한민국의 부자 동네는 오르막길에 모여 있다. 성북동, 한남동, 평창동 등 부자로 알려진 곳을 산책하는 일은 결코 쉬운 일이 아니다. '부란 결코 쉽게 얻어지는 것이 아니다.'라는 메시지를 온몸으로 느끼게 해 주는 듯하다.

하지만 평창길은 그나마 좀 나은 편이다. 차가 덜 다니고 오르막과 평지가 적절히 조화를 이루고 있다. 평창길의 예전 이름은 산마루길이었다. 오르막길이어서 걷기에 쉽지 않아 보이지만 직접 걸어 보면 보기보다는 걷기 편하다.

평창길을 한마디로 표현하자면 고급 주택들 사이의 산책 또는 또 하나의 갤러리 산책이라고 할 수 있다. 길가는 꽃과 소나무 등으로 정성스럽게 꾸며져 있다. 주택 앞에 놓여 있는 꽃과 장식품 등에서는 주인의 취향이 느껴진다. 길 중간에는 고급 주택들과 묘한 조화를 이루는 소박하고 작은 놀이터도 있다.

이곳으로 가려면
모네를 등지고 섰을 때 왼쪽 길로 걷는다. 오르막으로 된 길을 따라 계속 가다가 왼쪽 방향으로 돌리면 도착한다.

평창동
미술관 거리에서
발견한 멋진 공원

평창길을 따라 가다 보면 작고 소박한 공원을 만날 수 있다. 작은 공원이지만 이름도 있다. '참샘골 공원'이라는 이름의 이 공원은 동네 주민들을 위한 운동기구도 갖추어져 있다. 공원 뒤로는 다듬어지지 않은 산이 보인다. 의자도 있어 산책을 하다가 쉬어 가기에 좋다.

일본 작가 에쿠니 가오리는 이러한 말을 했다.

"시소는 내려갈 때보다 올라갈 때 더 재미있다.
내려갈 때는 내가 하는 일이 아무것도 없지만
위로 올라갈 때는 스스로 땅을 박차기 때문이다."

놀이터에서 잘 놀지 않는 요즘 아이들은 세상을 어디에서 배울까?

옛날엔 친구들을 만나려면 동네 놀이터로 갔지만, 요즘엔 학원에 가야 친구들을 만날 수 있다고 말한 어느 선배의 이야기가 문득 생각난다.

낙산공원길

공원 길 따라 이별의 아픔을 치유하다

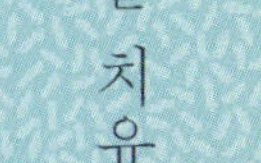

산책 예찬

낙산공원길 산책은 커피 한 잔과 함께 시작된다. 1956년 문을 연 학림다방에는 옛 청춘들의 열기가 그대로 남아 있다. 문학가 김지하, 황석영이 쉬었고, 천재 수필가 전혜린이 자살하기 전 다녀간 곳으로도 유명한 학림다방에서 마시는 커피는 커피 그 이상의 의미를 지닌다.

대학로를 거쳐 서울성곽 산책길로 오르다 보면 이화마을이 보인다. '낙산 공공 미술 프로젝트'로 마을 곳곳에서 예쁜 그림과 조각 작품을 만날 수 있는 마을이다. 2007년 문화관광부와 공공미술추진위원회가 진행한 프로젝트에 동네 주민들이 함께 했다.

걷기는 여기서 멈추지 않는다. 이화마을 바로 위에 서울성곽 산책길이 곧바로 이어진다. 낙타의 굽은 등처럼 완만하게 솟은 낙산공원과 연결된 성곽길은 서울 주위를 둘러싸고 있는 조선시대의 도성이다. 태조 이성계가 한양을 방위하기 위해 쌓도록 지시했다. 600년의 역사가 고스란히 느껴지는 서울성곽 산책길을 걸어 본다. 커피 향과 함께 시작하는 서울성곽 산책길은 하루를 진정으로 행복하게 만들어 준다.

 노래   하림의 〈사랑이 다른 사랑으로 잊혀지네〉

 책   황석영의 《바리데기》. "인연은 하늘에서 미리 짜 놓은 줄에 서로 엮여 있다는 생각이 든다."

 길벗   낙산공원길은 혼자 걸어도 전혀 외롭지 않다.

낙산공원길 산책 코스

약 1.6km / 소요시간 40분
1. 학림다방 - 2. 별다방 미스리 - 3. 이화마을 - 4. 서울성곽 산책길

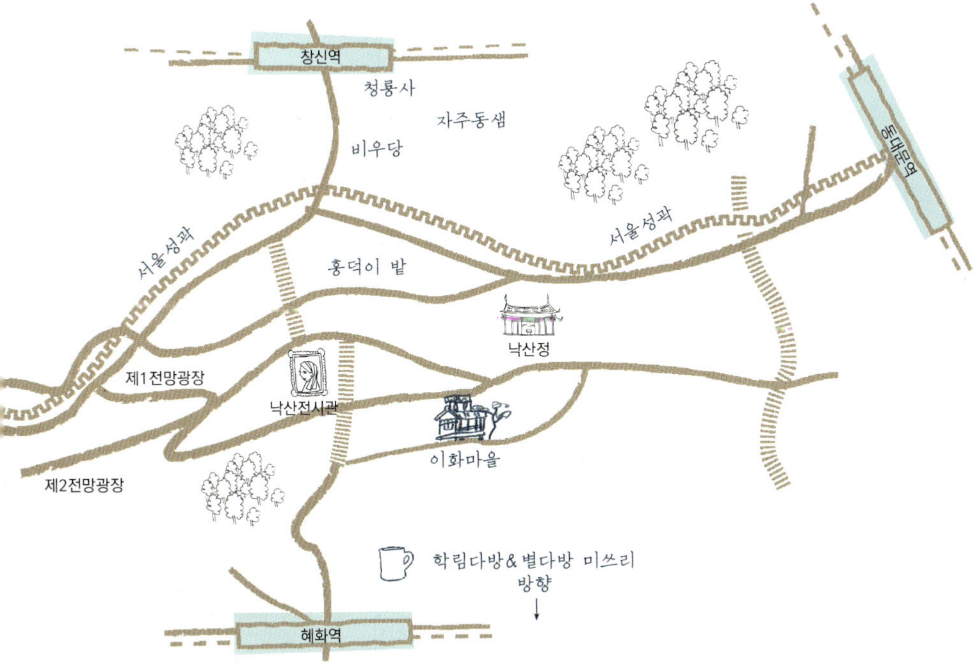

지도:
- 창신역
- 청룡사
- 자주동샘
- 비우당
- 서울성곽
- 홍덕이 밭
- 낙산정
- 낙산전시관
- 이화마을
- 제1전망광장
- 제2전망광장
- 동대문묘
- 학림다방 & 별다방 미쓰리 방향
- 혜화역

산책 가는 길

전철 | 4호선 혜화역 2번 출구에서 도보 10분, 1호선 동대문역 1번 출구에서 도보 5분
버스 | (간선) 102, 104, 106~109, 140, 143, 149, 150, 160, 162, 273, 301, 710
(지선) 2112 / (마을) 종로 07, 08

 ## 학림다방

낙산공원길 첫 번째 장소

학림다방은 1956년 서울대학교 문리대 건너편에 문을 열었다. 이후 다방은 4.19 학생 혁명과 5.16 군사 쿠데타 등을 겪으며 대학로의 역사와 함께 했다. 대학생들과 문화·예술계 인사들에게 사랑받아 온 학림다방은 대학로의 터줏대감으로, 지금도 옛 모습을 고이 간직하고 있다. 지난 세월의 영향 때문인지 학림다방을 찾는 세대는 대학생 커플부터 40대에 이르기까지 무척 다양하다. 이 또한 젊은이들이 북적이는 대학로에서 학림 다방만이 가진 힘이다.

이곳은 오래된 세월만큼이나 드립 커피의 깊은 풍미로도 유명하다. 최근에는 갓 볶은 신선한 원두를 직접 갈아서도 판매하고 있으니, 커피홀릭들은 참고해도 좋을 듯하다.

이곳으로 가려면
4호선 혜화역 3번 출구에서 나와 뒤돌아서 걷는다. 조금 가다 보면 왼쪽에 약국이 보이는데 약국 2층이 바로 학림다방이다.
전화 | 02-742-2877 시간 | 10:00~24:00

학림의 모든 커피는 직접 로스팅한 '학림 브랜드'로 만들어진다.

낙산공원길 두 번째 장소

별다방 미쓰리

공방에서 직접 제작한 가구들 덕분에 별다방 미쓰리는 아기자기한 분위기가 물씬 풍긴다. 가게 안은 다양한 소품들로 가득 채워져 있어 찾아온 이들의 눈을 즐겁게 한다. 독특한 분위기 때문에 외국인들에게도 인기가 많다.

카페이긴 하지만, 추억을 생각나게 하는 도시락 비빔밥도 이곳에서만 특별히 맛볼 수 있다. 지금 막 만든 듯 따끈한 사각 도시락을 열려는 순간, 고소한 참기름 냄새로 인해 먹기 전부터 입안 가득 침이 고이고 만다. 어릴 적 엄마가 손수 싸 주던 것처럼 핑크색의 동그란 햄이 열에 맞춰 나란히 있고 고슬고슬한 쌀밥 위에는 계란 부침과 함께 김 가루가 뿌려져 있다. 이내 참지 못하고 푸짐하게 한가득 떠서 입안 가득 털어 넣으면 감탄이 절로 나올 정도로 맛있다.

별다방 미쓰리에서는 한과도 맛볼 수 있다.

이곳으로 가려면
학림다방에서 1번 출구쪽으로 나와 이화동 방면으로 걷는다.
하겐다즈와 파리크라상 사이 길로 들어가 직진으로 쭉 걸으면 오른쪽에 보인다.
전화 | 02-747-0939 시간 | 10:00-24:00

 ## 이화마을

낙산공원길 세 번째 장소

2006년 소외지역의 주민들과 예술을 공유하려는 목적으로 이화마을의 벽면마다 컬러풀한 벽화를 그리거나 오르내리는 산책길 바닥에 재미난 미술품들을 설치했다. 그 결과, 지금은 그림을 그리거나 사진을 담기 위해 많은 이들이 찾는 그림 마을이 되었다. 오래되고 낡은 시멘트 계단은 꽃 그림으로 생기가 돌고, 밋밋하기만 하던 흙길은 설치미술 작품들로 인해 하나의 갤러리가 되었다. 이화마을의 매력은 이뿐만이 아니다.

마을 중턱에 올라서면 저 멀리 북악산이 안고 있는 듯한 군락 전체가 한눈에 들어온다. 또한 발밑으로는 대학로가 한눈에 내려다보이니 행여 가슴이 먹먹할 땐 이곳을 찾아 해소해 보자. 근처 일대에선 이곳만한 장소가 없다. 버라이어티 프로그램 〈1박 2일〉에서도 이승기가 베스트 포토 존으로 소개하기도 했다.

이곳으로 가려면
서울 아트센터 방향으로 걸어가다가 우회전한 뒤, 낙산공원 방향으로 계속 걸으면 이화마을과 만날 수 있다.

어떤 벽이든 작품이 걸리면 그곳이 바로 갤러리가 된다. 01
이화마을이 예쁜 또 하나의 이유는 오래된 골목길이 아직도 남아 있기 때문이다. 02
잡지 등에도 자주 등장하는 꽃 계단. 03

이화마을로 가는 길에서
만난 책 읽는 고양이.

서울성곽 산책길

낙산공원길 네 번째 장소

낙산공원에는 서울성곽 산책길이 있다. 낙산공원에 있는 서울성곽은 동대문과 혜화문 사이에 연결되어 있고, 탐방로의 길이는 2.1km에 이르며 약 1시간 정도 소요된다.

성곽 밖 혹은 안으로 어떻게 걸어도 괜찮은 산책로이다. 길을 거닐다 보면 성곽 밖과 성곽 안을 연결해 주는 통로도 볼 수 있다. 성곽 밖 산책로가 좀 더 잘 정비되어 있으니 편하게 걷고 싶다면 성곽 밖을 걷는 것이 좋다.

쌓여진 돌에서
세월이 느껴지는 성곽.

이곳으로 가려면
이화마을에서 위로 더 올라가면 낙산공원과 서울성곽 산책길을 만날 수 있다.
전화 | 02-743-7985

서울 속 특별한 동네 이야기

낙산공원 주변 코스

청룡사

조선 제6대 왕인 단종은 12세의 나이로 임금이 되었다가 숙부인 수양대군에게 왕위를 빼앗기고 16세에 영월로 귀양을 간 비운의 임금이다. 왕비였던 송씨가 청룡사에서 평생을 머물며 단종의 명복을 빌었다.

자주동샘

단종의 비였던 송씨가 생계 유지를 하기 위해 한복 댕기에 자줏물을 들여 말렸다는 샘이다. 송씨가 비단을 빨면 자주색 물감이 들었다는 슬픈 전설이 어려 있는 곳이기도 하다.

홍덕이 밭

효종이 청나라에 볼모로 잡혀 심양에 있을 때 나인 신분의 '홍덕'이라는 여인이 심양에 체류하면서 김치를 담가 효종에게 올렸다. 이후 효종은 볼모에서 풀려 본국으로 돌아와서도 홍덕이의 김치 맛을 잊지 못해 그녀에게 낙산 중턱의 채소밭을 주었는데 이 때문에 '홍덕이 밭'이라는 지명이 붙었다.

비우당

조선시대 실학자인 이수광이 저서《지봉유설》을 지은 곳으로, 자주동샘 바로 옆에 있다. 이수광의 외가 5대 할아버지가 이곳에 삼간초가를 짓고 살았는데 비가 오면 우산으로 빗물을 피하고 살았다는 일화가 전해진다.

메타세쿼이아길

아름드리 나무 길에서 비움을 배우다

산책 예찬

마음이 어지러운 날, 기분이 울적한 날에는 메타세쿼이아 길에 간다. 메타세쿼이아 나무가 길게 늘어서 있는 길을 걸으면 나무가 전해 주는 위로를 느끼게 된다.

메타세쿼이아길은 아무 생각 없이 걸을 수 있어 더욱 좋다. 마음도 어지러운데 길마저 어지러우면 안 되니까 말이다. 길은 직선으로 뻗어 있다. 850여 그루의 메타세쿼이아 나무가 약 1km에 걸쳐 심겨 있다. 끝 지점에 있는 나무가 안 보일 정도로 길이 길다. 메타세쿼이아 나무는 키도 크다. 그래서 고개를 젖혀 쳐다보려면 목이 꽤나 아프다.

메타세쿼이아는 '살아 있는 화석'으로 불리기도 한다. 공룡 시대부터 지구상에 존재한, 가장 오래된 화석식물이다. 사람의 도움 없이도 맑은 공기를 뿜어내는 메타세쿼이아 나무 사이를 걷고 있으면 '아낌없이 주는 나무'라는 찬사를 받게 된 이유를 이해하게 된다.

메타세쿼이아 나무를 보면 하나의 진실을 깨닫게 된다. 채우기보다 비우는 쪽이 훨씬 멋진 삶이라는 것을 말이다.

 노래   이병우의 〈조원의 아침〉
 책   발타자르의 《세상을 보는 지혜》. "쉬지 않는 것은 쉴 사이도 없이 강행하는 긴 여행처럼 피곤하다."
 길벗   좋아하는 노래와 책을 들고 느긋하게 산책로를 거닐어 본다.

메타세쿼이아길 산책 코스

약 2.3km / 소요시간 50분
1.시젠 – **2.**난지연못 – **3.**메타세쿼이아길 – **4.**난지한강공원

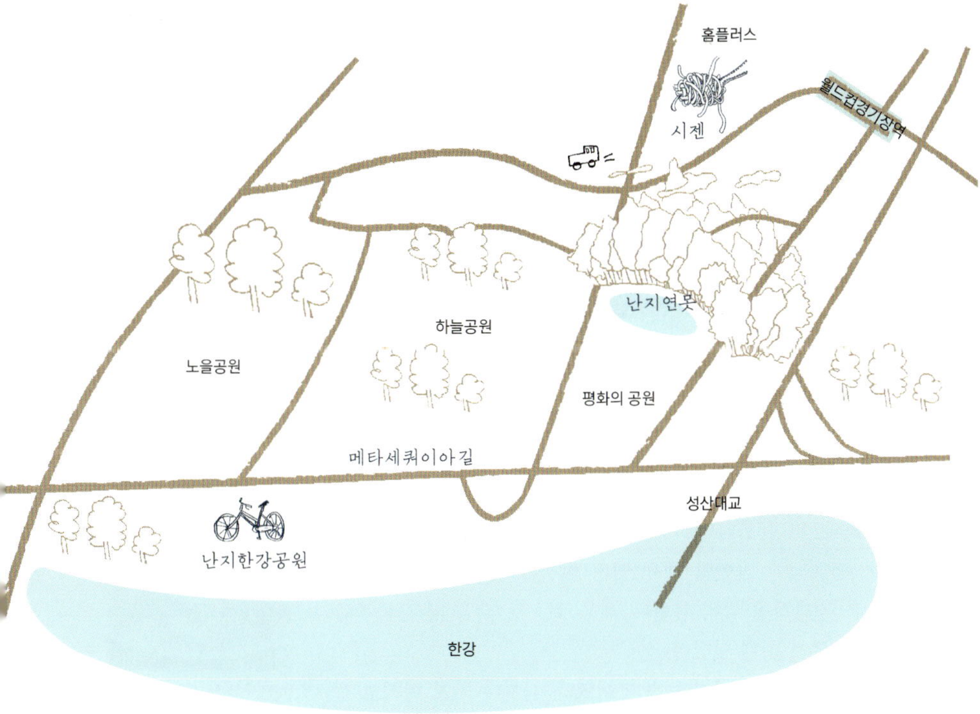

산책 가는 길 　전철 | 6호선 월드컵경기장역 1번 출구에서 도보 15분
　　　　　　　　버스 | (간선) 171, 172, 571, 710 / (지선) 7015, 7016, 7019, 7711 / (마을) 마포 08, 15

 ## 시젠

메타세쿼이아길 첫 번째 장소

쌀로 만들 수 있는 요리가 다양한 것처럼 면으로 만들 수 있는 요리 또한 다양하다. 라면 하나만으로도 100개가 넘는 요리가 탄생하듯이 말이다. 알록달록 자연의 색을 입은 시젠의 면 요리를 처음 맛본 사람들은 놀라움을 금치 못한다. 새우 소스로 맛을 낸 새우볶음밥도 면 요리 못지 않게 맛있다.

월드컵공원 안에서는 음식점을 찾기 어렵다. 식사나 차를 마시고 싶다면 월드컵경기장역 옆에 위치한 홈플러스로 향하는 것이 좋다. 홈플러스 매장 2층에는 시젠 이외에도 푸드코트 등 다양한 음식점이 위치해 있다.

이곳으로 가려면
6호선 월드컵경기장역 1번 출구로 나오면 오른쪽에 홈플러스가 있다. 에스컬레이터를 이용해 2층으로 올라와 푸드코트 매장 방향이 아닌 영화관 방향 쪽으로 가면 시젠을 만날 수 있다.
전화 | 02-376-213   시간 | 11:00~21:30

매콤한 새우 소스로 맛을 낸 새우탕면과 새우볶음밥.

메타세쿼이아길 두 번째 장소

난지연못

비가 줄곧 내리던 날에 난지연못을 찾았다. 굵게 내리던 장대비가 이슬비로 변할 무렵, 비를 한껏 머금은 연못 주위로 아롱거리는 빛이 몽환적인 분위기를 자아냈다. 여기에 빗방울이 연못 위로 군데군데 파문을 그리며 물안개가 드리워지는 모습을 보니 우울했던 마음이 이내 거짓말처럼 씻겨 내려 갔다.

거대한 쓰레기 산이었던 난지도에 흙을 덮고 물을 빼내고 가스를 뽑아내는 대대적인 정화 작업 끝에 완성한 환경생태공원이 바로 월드컵 공원이다. 그 중 맏형 격인 평화의 공원에서는 한강물을 끌어와 만든 난지연못을 볼 수 있다. 속이 훤히 보일 정도로 깨끗함을 자랑하는데, 이는 수생식물을 이용해 수질을 보호하고 있기 때문이다. 청량한 여름에는 예쁜 모양의 분수가 솟아 올라 찾아온 이들에게 즐거움을 선사한다.

이곳으로 가려면
홈플러스에서 직진으로 걸으면 횡단보도가 보인다. 횡단보도를 건너 오른쪽으로 조금만 걸으면 월드컵 공원을 만날 수 있다. 난지연못은 평화의 공원 내에 있다. 워낙 넓은 연못이라 쉽게 찾을 수 있다.
전화 | 02-300-5500

메타세쿼이아길

메타세쿼이아길 세번째 장소

살아갈 방법을 잃어버렸다고 속상해하지 마라. 메타세쿼이아길은 당신이 잃어버린 안식을 찾아 줄 것이다.

비가 소리 없이 조용히 지나간 후, 메타세쿼이아길로 발길을 돌렸다. 끝이 안 보일 정도로 길게 뻗은 메타세쿼이아길은 월드컵공원 내에 있는 산림욕장길이다. 붉은 황토색 흙길을 사이에 두고 하늘을 찌를 듯 치솟은 키다리 나무가 멋스럽다. 지금 막 비 샤워를 마친 나무에게서 자연의 향이 진하게 느껴졌다. 어깨에 짊어지고 있던 묵직한 책임감을 걸어온 흙길 위에 조용히 내려 놓는다. 새카맣게 타들었던 회갈색의 마음은 언제 그랬냐는 듯 진초록 나무 이파리처럼 빼곡히 채워졌다.

메타세쿼이아길은 안식의 길이다. 사람의 발길이 드물어 고요한 정적이 흐르고 온전히 자신만 돌아볼 수 있는 곳이라 안식을 취하기에 더없이 편안하다. 메타세쿼이아길 옆으로 자전거길이 나 있다. 하늘공원, 노을공원과 연결되어 있어 산책하기에도 괜찮다.

이곳으로 가려면

1. 난지연못을 마주보고 섰을 때 오른쪽에 하늘공원으로 올라가는 계단이 보인다. 저 멀리 보이는 계단을 보며 걸어 가다 보면 평화공원과 하늘공원을 연결해 주는 다리가 나온다. 다리를 건넌 후 왼쪽으로 5분 정도 걸으면 길이 두 갈래로 나뉜다. 앞쪽은 노을공원으로 들어가는 길, 오른쪽은 하늘공원으로 들어가는 길이다. 노을공원 들어가는 길로 조금 걸으면 왼쪽에 메타세쿼이아길로 향하는 작은 내리막 계단이 보인다.

2. 6호선 월드컵경기장역 1번 출구로 나와 직진하면 횡단보도가 나온다. 횡단보도를 건너 오른쪽으로 5분 정도 걸으면 사거리 앞 횡단보도가 있다. 앞쪽에 난지한강공원이 보이고, 왼쪽에는 하늘공원으로 들어가는 길이 보인다. 왼쪽으로 계속 걸으면 길이 두 갈래로 나뉜다. 앞쪽은 노을공원으로 들어가는 길, 오른쪽은 하늘공원으로 들어가는 길이다. 노을공원 들어가는 길로 조금 걸으면 왼쪽에 메타세쿼이아길로 향하는 작은 내리막 계단이 보인다.

전화 | 02-300-5500

메타세쿼이아 나무를 감싸고 있는 꽃.

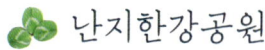 난지한강공원

메타세쿼이아길 네 번째 장소

갠지스 강은 인도인에게 삶과 죽음의 경계이다. 산 자는 살기 위해, 죽은 자는 세상과의 이별을 고하기 위해 갠지스 강으로 모여든다. 한쪽에서는 죽음의 의식을 치르고, 또 한쪽에서는 빨래를 헹구는 모습의 갠지스 강은 산 자와 죽은 자로 인해 깨끗할 틈이 없다. 하지만 이들은 걱정하지 않는다. 강은 그저 흘러가는 것이기에.

한국인에게 한강은 어떤 의미일까. 과거에는 기적이었고 현재는 쉼터이다. "한강에 갔다 왔어요."하고 말하면 열 명 중 아홉 명은 산책이나 운동을 하고 왔다고 생각하니 말이다. 쉼터로서, 제격인 난지한강공원은 13개의 한강공원 중 두 번째로 크다. 워낙 큰 공원이라 그런지 생태습지원, 생태캠핑장, 강변초지, 야구장, 강변물놀이장, 유람선 선착장, 갈대바람길 등 즐길거리가 무궁무진하다. 한강의 다른 공원들처럼 난지한강공원도 한강의 정취를 그대로 느낄 수 있다. 넓은 공간은 푸른 잔디와 꽃으로 가득해 휴식을 취하기에도 안성맞춤이다. 강에 유유히 떠 있는 배들은 보는 것만으로도 일상에 지친 몸과 마음을 잠시 시원한 세상으로 인도해 준다.

이곳으로 가려면
메타세쿼이아길에서 한강변 쪽으로 직진하면 육교가 나온다. 육교를 건너면 바로 보인다.
전화 | 02-3780-0611~3

메타세쿼이아길 산책하는 법

첫째,
메타세쿼이아길은 산길이 아니다. 오르막이나 내리막길이 없지만 흙길이기 때문에 운동화 같은 편한 신발을 신는 것이 좋다.

둘째,
메타세쿼이아길 가운데에는 앉아서 쉴 수 있는 벤치와 탁자가 있다. 보온병에 커피를 담아가 한 잔 마시기에 그만이다.
메타세쿼이아길 주변엔 편의점이 없으니 먹거리는 미리 준비해 가는 것이 좋다. 또한 메타세쿼이아길에 없는 것은 매점만이 아니다. 쓰레기통도 없으니 쓰레기는 꼭 챙겨 오자.

셋째,
산책로가 길기 때문에 끝이 보이지 않는다. 그래서인지 메타세쿼이아 길에 처음 온 사람들은 급한 마음으로 빠르게 걷는다. 천천히 걸어도 왕복 1시간이 채 걸리지 않으니 되도록이면 메타세쿼이아 나무가 뿜는 상쾌한 공기를 마시며 천천히 거닐자.

-
세월을 한아름 안은 오래된 가옥과 낡은 슈퍼 앞 오락기.
미로 같은 골목길 모퉁이에 핀 이름 모를 꽃의 풍경이 흐르는 길.
시간이 느리게 흐르는 길 위에서 어린 시절의 추억을 되찾다.
-

느릿느릿
세 번째 산책 이야기

향수 어린 추억이
그리울 때

개미마을 길

상상의 나래를 마음껏 펼치다

산책 예찬

버스를 타고 개미마을로 향한다. 종점에 이르자 마치 약속이라도 한 듯 사람들이 일제히 내린다. 버스에서 내린 이들은 또다시 다함께 마을을 향해 카메라 셔터를 누르기 시작한다.

개미마을이 카메라 세례를 받는 데에는 몇 가지 이유가 있다. 이곳은 아름다운 벽화로 가득하다. 오래된 집의 벽과 대문은 예쁜 색과 그림으로 칠해져 마치 동화 속 세상을 생각나게 한다. 담장에 그려진 벽화들은 밋밋한 공벽을 미술학도들이 하나둘 붓으로 채우기 시작한 것이 시작이다.

이곳은 서울에서는 보기 드문 모습을 간직하고 있다. 동네 곳곳에서 1960~1970년대 모습을 느낄 수 있다. 오래된 골목길과 집, 약수터는 생각지도 못했던 선물처럼 느껴진다.

개미마을은 '빛 그린 어울림 마을 1호'라는 별칭도 가지고 있다. 들르는 모든 이들에게 오래도록 희망을 전해 주는 '빛'과 같은 존재가 되기를 바라는 의미에서 지어졌다. 이름처럼 개미마을은 상상 그 이상의 행복을 보고 느끼게 해 준다.

- 노래 한대수의 〈행복의 나라〉
  〈행복의 나라〉를 들으며 산책하다 보면 행복의 나라가 바로 이곳이지 싶다.
- 길벗 삼삼오오 함께 가면 더욱 즐겁다. 여럿이 짝을 이룬 사람들이 마음을 배경으로 추억을 남기는 모습을 쉽게 볼 수 있는 곳이 개미마을이다.

개미마을길 산책 코스

약 2.15km / 소요시간 40분
1.영화 〈아홉살 인생〉 촬영지 – **2.**홍심 약수터 – **3.**옥천암과 탕춘대성 – **4.**송스키친

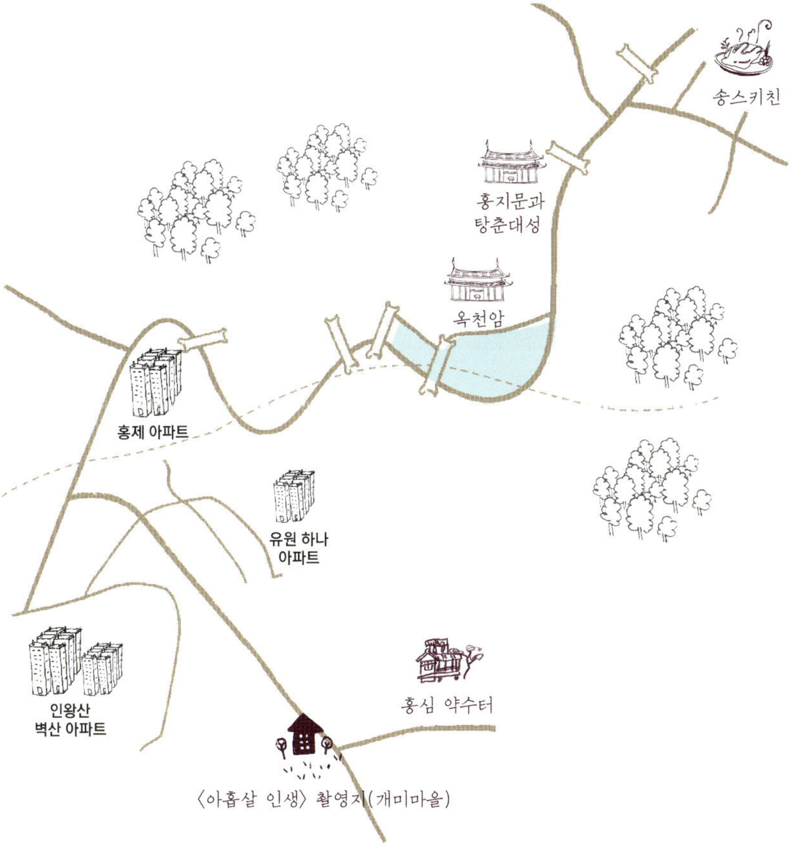

송스키친

홍지문과
탕춘대성

옥천암

홍제 아파트

유원 하나
아파트

인왕산
벽산 아파트

홍심 약수터

〈아홉살 인생〉 촬영지(개미마을)

산책 가는 길    버스 | 3호선 홍제역 2번 출구에서 버스 탑승 후, 개미마을역에서 도보 5분
            (간선) 471, 701, 703, 704, 706, 720, 752 / (지선) 7013, 7019, 7721, 7025, 7738

영화 〈아홉 살 인생〉 촬영지

개미마을길 첫 번째 장소

어릴 적 나는 달리기를 좋아하는 말괄량이였다. 잘하는 편은 아니었지만 곧잘 뛰던 나를 주의 깊게 본 담임 선생님이 나에게 "달리기에서 가장 중요한 것은 끝까지 뛰는 거란다. 포기하면 절대 안 돼. 알겠지?" 하신 말씀이 지금도 잊히지 않는다.

또 선생님은 꼴찌로 들어오는 친구에게도 뜨거운 응원의 박수를 보내라고 가르치셨다. 선생님은 알고 계셨다. 인생은 달리기와 같다는 것을……. 장애물을 만나더라도 끝까지 우직하게 달려가야 한다는 것을 우리에게 가르쳐 주고 싶으셨던 거다.

영화 〈아홉 살 인생〉이 촬영되기도 한 이 곳은 1960~1970년대 서울을 그대로 간직하고 있다. 좁은 골목길, 비탈진 계단 등 지금은 찾아보기 힘든 산동네 모습이 동네 곳곳에 그대로 남아 있다. 개미마을을 돌아보고 나니 문득 이곳을 거쳐 간 이들이 궁금해진다. 개인적인 욕심으로는 이곳이 영원히 보존되어 추억이 그리울 때 늘 찾아올 수 있었으면 하는 바람이다.

이곳으로 가려면
3호선 홍제역 2번 출구 근처 KFC 앞에서 버스를 탄 후, 개미마을에서 하차한다.

개미마을길 두 번째 장소

홍심 약수터

오래된 철봉에서 세월이 느껴진다.

어린 시절에 살았던 동네가 세월이 훌쩍 흐른 뒤에도 여전하다면 참으로 감동적이다. 홍심 약수터도 그 누군가에게는 감동이고 추억일 거라는 생각이 들었다. 이곳은 개미마을에서도 유난히 옛 모습을 많이 간직하고 있는 장소이다. 1980년대에 쓰여진 낡은 안내 표지판과 사람들의 손길로 인해 빛 바랜 운동기구를 보니 옛 모습이 머릿속에 그려진다. 산세가 빼어나기로 유명한 인왕산에서 시작해서 그런지 예나 지금이나 홍심 약수터의 물줄기에서 힘이 느껴진다. 깊은 산속 옹달샘처럼 산자락에 위치한 작은 약수터는 지금도 마을 주민들이 약수를 뜨러 찾아온다. 옛날에는 무려 다섯 곳이나 되었던 약수터가 지금은 한 곳밖에 안 남았다고 하니 물을 뜨려면 경쟁이 치열할 듯하다.

이곳으로 가려면

개미마을 종점에서 내리막길로 걷다 보면 왼쪽에 작은 슈퍼마켓과 버스정류장 맞은편에 오르막길이 나온다. 오르막길로 올라가면 홍심 약수터로 들어갈 수 있는 계단길이 나온다. 계단길에서 10분 정도 올라가면 보인다.

옥천암과 탕춘대성

개미마을길 세 번째 장소

거대한 암석에 새겨진 5m 높이의 마애좌상이 특징인 옥천암은 인왕산 기슭에 자리하면서 지나는 행인들의 길잡이 역할을 톡톡히 하고 있다. 머리에는 화려한 꽃 화관을 쓰고 있는 마애좌상은 옥천암 보도각 안 바위에 오롯이 새겨져 있다. 언제 누가 창건했는지는 알려져 있지 않다. 하지만 조선 태조 이성계가 한양에 도읍을 정할 때 이 불상 앞에서 기도를 했다는 이야기가 전해진다. 고려 12~13세기 마애불상 양식을 대표하는 걸작으로 평가받는 마애좌상은 서울특별시 유형문화재 제17호로 지정되어 있다.

옥천암에서 조금 걷다 보면 홍지문과 탕춘대성이 보인다. 탕춘대성은 1917년에 한양의 도성과 북한산성을 연결하여 쌓은 도성이다. 규모는 작은 편이지만 지금도 고성의 면모를 간직하고 있다.

정성스레 걸려 있는 등에서 간절한 소원이 느껴지는 옥천암 사찰의 뒷 모습.

옥천암의 불당. 01, 02
홍지문의 아치. 03

이곳으로 가려면
홍심 약수터에서 개미마을 방향으로 내려온다. 슈퍼마켓이 보일 때까지 내려와 오른쪽 내리막길로 5분 정도 걸어간다.
뒤이어 개미마을 입구와 인왕중학교가 보인다. 개미마을에서 내려오다 보면 차가 다니는 큰 길이 나온다.
개미마을을 등진 자세에서 오른쪽으로 걸어간다. 도로를 따라 5분 정도 걷다가 길을 건넌 후, 계속 오른쪽으로 걷다 보면
왼쪽에 옥천암이 보인다. 탕춘대성은 옥천암을 등진 자세에서 왼쪽으로 5분 정도 걸어가면 만날 수 있다.
옥천암 | 인왕중학교에서 도보 15분   **탕춘대성** | 옥천암에서 도보 5분

 ## 송스키친

개미마을길 네 번째 장소

갑작스러운 모임이 생겼을 때 입고 나갈 옷이 없으면 무척 난감하다. 음식점도 마찬가지이다. 송스키친은 나와 같은 고민을 하는 사람들의 고민을 덜어 주는 가게이다. 배우 이정재, 민효린, 이선균 등이 출연한 MBC 드라마〈트리플〉이 촬영된 곳으로도 유명한 이곳은 음식 맛이 뛰어날 뿐만 아니라 분위기도 아늑하다. 가격 역시 착하다.

송스키친의 인기 메뉴인 아이스크림 와플은 벌집 모양의 빵 위에 메이플 시럽과 상큼한 계절 과일 등을 얹은 것으로 한 번 찾아온 손님을 또 찾아오게 할 만큼 맛이 최고이다. 특제 소스가 돋보이는 수제 돈가스는 야채를 듬뿍 넣어 씹는 맛까지 살렸다.

송스키친 메뉴판에는 맛있는 음식이 가득 들어 있을 것만 같다.

이곳으로 가려면
탕춘대성을 등진 채 계속 걷는다. 사거리가 나오면 길을 건너 경찰서 방향으로 간다.
송스키친은 세검정 맞은편에 있다.
전화 | 02-395-1713   시간 | 11:30~01:00

개미마을에서 만난 아홉 살 인생

영화 〈좋은 놈·나쁜 놈·이상한 놈〉, 〈달콤한 인생〉, 〈장화·홍련〉을 만든 김지운 감독의 어린 시절은 특별했다.

TV 수사 드라마에서 어떤 사람이 고문을 당하는 장면을 보다가 쇼크로 기절을 하는 바람에 온 집안이 발칵 뒤집혔다. 어린 소년은 현실과 가상세계를 구별하기에는 무척 예민한 감성을 지녔던 것이다. 김지운 감독이 저서 《김지운의 숏컷》에서 밝히기도 한 이 실화를 통해 그의 남다른 내면을 엿볼 수 있다.

그는 서울 홍제동에서 태어났으며, 개미마을은 그가 유년 시절을 보냈을 시기의 모습을 그대로 간직하고 있다.

좁은 골목길에 서면 아이들이 삼삼오오 모여 술래잡기하는 모습이 그려진다. 저 골목을 돌아서면 고무줄 놀이를 하는 소녀들이 있을 것만 같다.

위기철 작가는 소설 《아홉 살 인생》에서 "아홉 살은 세상을 느낄 만한 나이이다."라고 정의했다.

1960~1970년대 개미마을에서 유년기를 보낸 아이들은 이곳에서 어떤 세상을 느꼈을까. 그리고 그들은 지금 어떤 세상을 보고 느끼며 살아가고 있을까. 세상은 변했지만 개미마을은 변하지 않았다. 변한 것이 있다면 좁은 골목과 숨겨진 아지트가 어른들 차지가 되었다는 것뿐이다.

서촌길

옛 서울의 정취를 느끼다

> 산책 예찬

서촌길은 느리게 걸어야 제대로 감상할 수 있다. 천천히 걷다 보면 60년 넘게 같은 자리에서 헌책을 팔고 있는 서점, 80여 년의 세월 동안 여관이라는 이름을 가지고 있는 곳들도 모두 만날 수 있다.

서촌길은 송강호, 문소리 주연의 영화 〈효자동 이발사〉로 유명한 효자동과 청운동, 사직동, 체부동 일대를 말한다. 고층 건물과 신식 건물이 없는 것이 서촌길의 특징이자 매력이다. 근처에 청와대가 있기 때문인지 이곳은 개발 제한으로 묶여 있다. 덕분에 서촌길은 옛 서울의 모습을 많이 간직할 수 있었다. 작고 깨끗한 골목길 사이에 있는 한옥은 서촌길에 매력을 더해 준다.

서촌길에 사람들이 모여드는 이유는 예쁜 카페와 갤러리, 세월이 남겨 준 볼거리가 가득하기 때문이다.

고희에서 늦은 아침을 맞이한 후, 빈티지한 가가린 가게와 대오서점을 거쳐 스프링에 이르기까지 느릿느릿 시작한 서촌길 산책은 마음을 차분하고 아름답게 만들어 준다.

🎧 **노래** 이정현의 〈한여름의 크리스마스〉
노래 속 목소리가 이제 막 소년의 티를 벗은 듯 청량하고 밝다. 20년 전의 노래지만 지금 들어도 좋다. 촌스럽지 않은 서촌길과도 잘 어울린다.

👣 **길벗** 연인, 또는 친구와 이 노래에 귀를 기울이며 걸어 보면 더욱 좋다.

서촌길 산책 코스

약 1.7km / 소요시간 35분
1.고희 - 2.가가린 - 3.청와대 사랑채 - 4.대오서점 - 5.진아트갤러리 - 6.스프링

산책 가는 길   전철 | 3호선 경복궁역 3번, 4번 출구에서 도보 3분
버스 | (지선) 1020, 1711 / (마을) 종로 09

 ## 고희

서촌길 첫 번째 장소

시간은 정오를 향해 가고 골목에 사람들이 하나둘 모습을 드러냈다. 잠시 멈춰 서서 주변을 돌아보았다. 아직 차가운 아침 공기가 골목 안에 남아 있어서 그런지 모든 것이 깨끗하고 생기 있어 보였다.

고희로 향하는 골목에도 아직 아침 공기가 머물고 있었다. 한적한 골목길에 위치해서 조용한 고희는 작가들의 개인 전시와 작품 판매가 함께 이루어지는 공간이다. 조용히 커피를 즐기기에도 좋지만 브런치를 즐기기에도 좋다. 브런치 메뉴에 곁들여져 나오는 빵과 쿠키도 직접 만들어서 그런지 무척 촉촉하다. 나보다 먼저 온 이는 커피를 마시고 있었는데, 내가 주문한 브런치가 나오자 자꾸 곁눈질을 했다. 맛있어 보였던 것일까. 커피를 마시던 그녀는 결국 브런치를 주문했다.

고희의 자랑인 브런치 세트.
후식으로 아메리카노가 나온다.

이곳으로 가려면
3호선 경복궁역 3번 출구로 나와 커피즐겨찾기 카페 쪽으로 향한다. 이 카페 맞은편에 있는 목화식당 쪽으로 길을 건넌 후, 오른쪽으로 조금 걷다 보면 왼쪽의 골목길에 갤러리 ZEIN XENO와 카페 고희가 보인다.
전화 | 02-734-4907   시간 | 11:00~22:00

서촌길 두 번째 장소

가가린

사는 게 지겹고 무의미하다고 느껴질 때가 있다. 그런 날이면 나는 책을 펼친다. 책은 언제나 해답을 알려 준다. 닦달하거나 보채지 않아서 좋다.

서촌에 있는 가가린은 조그만한 책방이다. 공동 출자로 만든 위탁 형식의 헌책방이다. 책 가격은 본인이 직접 책정할 수 있다. 가가린의 식구가 되려면 일정 회비를 내고 회원가입을 하면 된다. 가가린에는 사진·건축·디자인 관련 서적이 많으며 일반 서적이 이따금 눈에 띈다. 가게는 작지만 내부는 천장과 바닥에까지 온통 책으로 뒤덮여 있다.

가끔 카페로 착각하는 사람이 있을 정도로 가가린은 귀엽고 예쁜 분위기이다. 회원이 아니더라도 책 구경은 자유다. 누군가의 손때가 묻어 있는 헌책을 보니 문득 엉뚱한 생각이 들었다. '이 사람은 나보다 먼저 답안지를 보았나 보네.'

이곳으로 가려면
갤러리 ZEIN XENO 쪽으로 걷다 보면 도로가 나온다. 거기서 왼쪽으로 걸으면 만날 수 있다.
전화 | 02-736-9005   시간 | 12:30~19:30

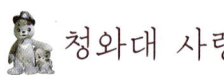 ## 청와대 사랑채

서촌길 세 번째 장소

세상은 생각보다 간편하다. 사랑한다는 말을 듣고 싶다면? 114에 전화하면 된다. 누군가의 대화가 그립다면? 서촌길로 가면 된다. 청와대 사랑채로 향하면 누군가 나에게 말을 걸어준다. "어디로 가시는 겁니까?", "무슨 일로 오셨죠?" 청와대 직원으로 보이는 사람들이다. 청와대 사랑채는 역대 대통령의 발자취와 서울의 발전사를 한눈에 볼 수 있는 공간이다. 지하 1층과 지상 2층의 건물 안에는 대한민국관, 하이서울관, 카페, 기념품점, 공방, 대통령관, 국정홍보관, G20휴게실이 있다. 청와대 사랑채는 청와대 앞에 위치해 있다. 그래서인지 청와대 사랑채로 향하는 길에는 검문 검색을 하는 이들이 서 있다. 지나가는 사람에게 행선지를 묻는데, 청와대 사랑채로 가는 길이라고 대답하면 별다른 제지를 하지 않는다.

이곳으로 가려면
가가린을 등지고 왼쪽으로 걷는다. 큰 도로가 나올 때까지 걸은 후 왼쪽 길로 걷다 보면 청와대가 보인다.
전화 | 02-723-0300 시간 | 09:00~18:00

서촌길 네 번째 장소

 대오서점

60년 넘게 한 자리만을 지킨 대가의 모습은 무척이나 아름다웠다. 세월 속에서 굳건히 지켜 낸 덕분에 어느덧 서촌길의 명소가 되었다. 대오서점의 이름은 서점의 주인인 할머니와 작고한 할아버지 성함에서 한 자씩 따온 것이다. 한옥서점인 이곳은 곳곳에 세월의 향기가 배어 있다. 달그락거리며 잘 열리지 않는 여닫이문부터 가게 안쪽으로 보이는 살림살이까지 보이는 모든 것이 그야말로 살아 있는 박물관이다. 지금도 여전히 책방 안에는 만화책부터 소설까지 다양한 책이 반갑게 맞이해 준다. 가게 앞을 기웃거리니 할머니가 고운 미소로 문을 열어 주셨다. 지나간 세월만큼 나이를 먹은 문이라 그런지 시원스레 열리진 않았지만 시간이 축적되어 빚어낸 고즈넉한 분위기는 어느 곳도 따라올 수 없다.

이곳으로 가려면
가가린 방향으로 다시 걷는다. 커피즐겨찾기 카페와 후지필름이 보일 때까지 걸은 후 횡단보도를 건넌다. 앞에 보이는 자하문로 9길로 걷다 보면 오른쪽에 부동부동산이 있다. 그 옆으로 난 골목으로 들어가면 대오서점이 보인다.
전화 | 02-735-1349

 ## 진아트갤러리

서촌길 다섯 번째 장소

진화랑은 1972년 10월 1일에 개관했다. 한국 현대 작가들을 세계에 알리고, 세계적으로 유명한 작가들을 한국에 알리는 데 큰 역할을 한 미술관이다. 진화랑을 한 번 방문한 사람이라면 이곳을 결코 잊을 수가 없는데 이는 문 입구에 세워진 작품 때문이기도 하다. 물방울 모양이 새겨진 호박 모양의 거대한 조각은 야요이 쿠사마의 작품이다. 어린 시절부터 정신 질환을 앓았던 그녀는 도트 문양에 집착했다. 성인 남자 두 명이 팔을 둘러도 모자랄 만큼 큰 스케일의 작품이다. 진아트는 두 개의 건물로 이루어져 있다. 모르고 하나의 건물만 둘러보는 경우도 있는데 꼭 두 곳을 방문하는 것이 좋다.

유머러스한 사과 모양의 작품.

이곳으로 가려면
커피즐겨찾기 카페가 있는 쪽으로 향한다. 커피즐겨찾기 카페를 마주본 상태에서 오른쪽 길(지하철역 방향)으로 걷는다. 가다 보면 길에 창의궁터가 보인다. 창의궁터 앞쪽에 보이는 골목(왼쪽길)으로 들어가다 보면 왼쪽에 있다.
전화 | 02-738-7570   시간 | 10:00~18:00

01

02

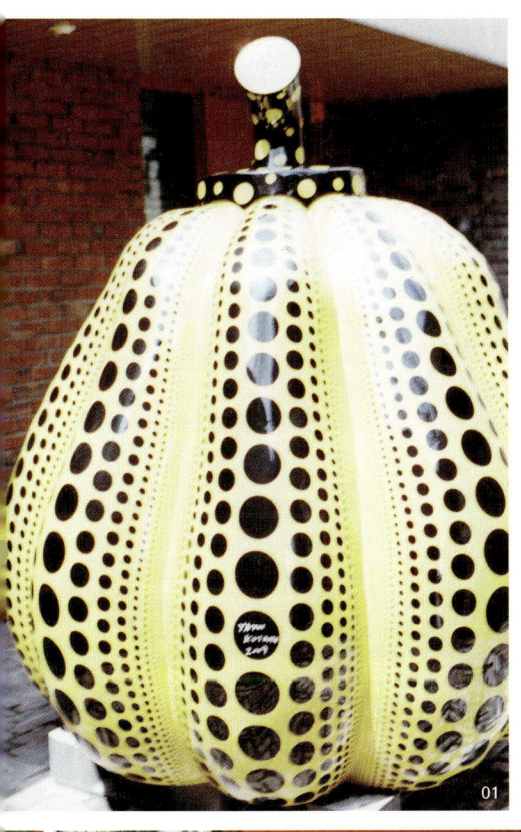

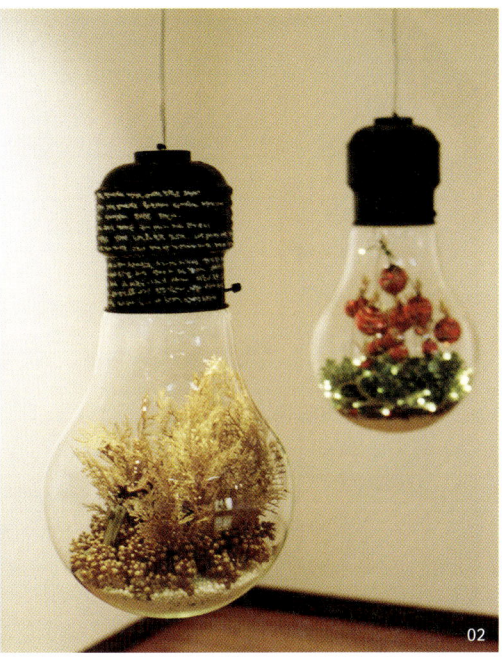

01 야요이 구사마 작품 〈Pumpkin〉.
02 갤러리 한편에서 전시 중인 작품들.
03 진아트갤러리임을 알려 주는 빨간색의 문.

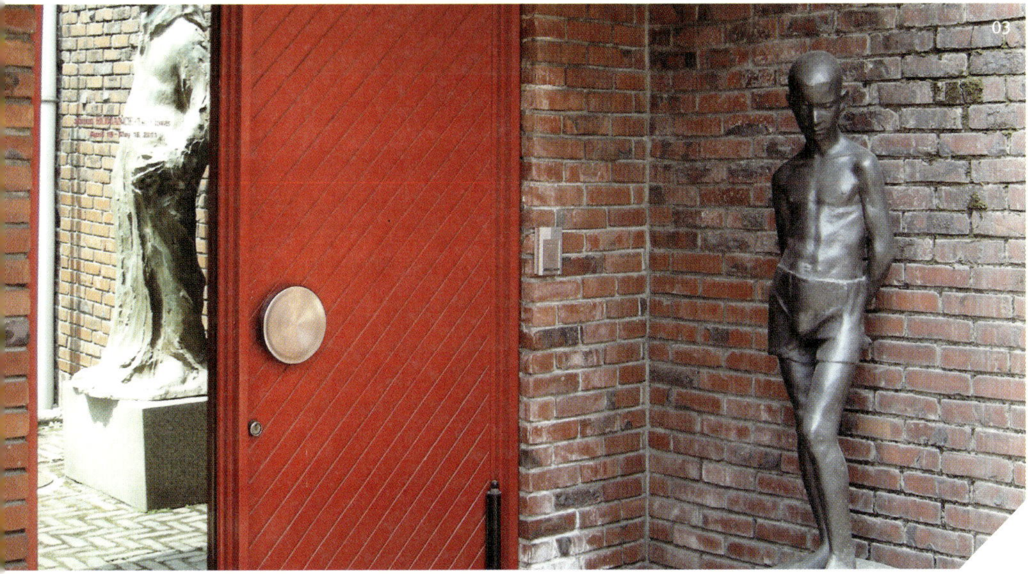
03

 스프링

서촌길 여섯번째 장소

누구나 한 번쯤 조용한 집에서 하루 종일 책을 읽거나, 아늑한 장소에서 커피를 천천히 음미하는 시간을 갖기 원한다. 단언컨대 스프링에는 누구나 한 번쯤 그려 본 상상이 실재한다.
골목 안으로 들어서면 하얀색 건물이 눈에 띈다. 건물 외관은 물론 내부 인테리어도 근사하다. 유명 연예인의 잡지 화보 촬영장소로도 쓰였을 정도이다. 스프링은 2층짜리 단독 주택을 개조한 카페이다. 인테리어 제품들을 구경할 수 있는 마켓 분위기인 1층과 달리, 조용하고 아늑한 2층은 공부를 하거나 책을 읽기에 적합하다. 조용한 골목길에 자리해서 단아한 스프링은 그야말로 서촌길과 잘 어울리는 음식점이라고 할 수 있다.

이곳으로 가려면
창의궁터 쪽으로 3분 정도 걷다 보면 왼쪽에 보인다. 진아트 갤러리와 스프링은 같은 골목에 있다.
전화 | 02-725-9554   시간 | 11:00~22:00

무슬리 요거트는 고소하면서도 달콤하다.

그때 그 시절
서촌길 이야기

서촌은 예로부터 문화·예술의 중심지였다. 시인 윤동주는 서촌에 거주하며 〈태초의 아침〉 작품을 집필했다. 한국 근대미술을 대표하는 서양화가 이중섭도 서촌에 거주했다.

한국 회화사에 큰 획을 그은 조선시대 화가 겸재 정선도, 〈세한도〉로 유명한 추사 김정희도 통의동에서 나고 자랐다.

3호선 경복궁역 4번 출구로 나와 청와대 방면으로 걷다 보면 아주 오래된 여관을 만나게 된다. 이름은 '보안여관'. 80년의 세월 동안 여관이라는 이름으로 열렸던 곳이다. 지금은 작품 전시 때마다 문을 여는데, 서정주 시인이 이곳에서 하숙을 했다고 한다. 서정주의 방에는 김동리, 김달진 등이 모여 들었고, 이들은 이 여관방에서 한국문학사에 큰 획을 그은 문학동인지를 만들었다.

보안여관은 오랜 세월을 잘 간직하고 있다. 내부로 들어가면 낡은 문과 좁은 통로들이 그때 그 시절의 분위기를 간접적으로 느끼게 해 준다.

이제는 잠을 청할 수 없는 보안여관. 그 안에는 80년 세월이 잠들어 있다.

세종로

천년을 간직한 역사와 조우하다

산책 예찬

세종로는 대한민국에서 가장 넓은 길이다. 이곳에는 공연장, 박물관, 미술관, 음식점, 카페 등이 있다.

세종로는 남녀노소 모두가 즐길 수 있는 길이다. 넓은 길이지만 길을 잃어버릴 염려는 없다. 직선으로 된 길을 따라 계속 걸으면 되니까 말이다.

조선의 마지막 황제인 고종과 공주인 덕혜옹주의 숨결을 느낄 수 있는 덕수궁에서 헤이즐럿 커피 한 잔을 마신 후 산책을 시작한다. 보기에는 길어 보일지 몰라도 길 중간마다 볼거리가 많기 때문에 힘들게 느껴지지 않는다.

궁궐 안팎에서 과거와 현재 시간의 흔적들이 마주친다. 정동길 돌담을 따라 세종로를 거닐다 보면 느리게 흐르는 이곳의 온기에 전염된다.

넓은 세종로를 통과하면 1960년대를 만나게 된다. 민속박물관 옆에 만들어 놓은 옛날 건물 세트장은 세종로에서 느낄 수 있는 또 하나의 즐거움이다. 더불어 옛날 다방 소파에 앉아 마시는 다방커피도 색다른 맛이 있다.

🎧 노래　카니발의 〈그땐 그랬지〉
　　　세월감이 묻어나는 세종로를 걷다 보면 이 노래가 저절로 흥얼거리게 된다.
　　　"세상이란 참 만만치 않더군."이라는 가사가 마음에 와 닿는다.

👟 길벗　친구와 세종로를 걸으며 들으면 더욱 좋다.

세종로 산책 코스

약 1.4km / 소요시간 30분
1.정관헌 – **2.**일민미술관 – **3.**광화문 광장 일대 – **4.**고궁박물관·민속박물관 – **5.**옛날 건물 세트장

산책 가는 길   전철 | 1호선 시청역 1, 2번 출구에서 도보 5분, 3호선 경복궁역 6, 7번 출구에서 도보 8분
버스 | (간선) 105, 144, 152, 163, 261, 301, 407, 420, 500 / (지선) 2012, 2014, 2233, 7212
(마을) 종로 03

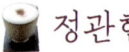 ## 정관헌

세종로 첫 번째 장소

1900년에 지어진 정관헌은 덕수궁 안에 있는 건물로, 조선의 마지막 황제인 고종이 음악을 듣거나 차를 마시며 외국 사신들을 접대했던 곳이다. 고종은 특별히 아이스 헤이즐넛을 즐겨 마셨다고 한다. 한 마디로 정관헌은 황제의 카페인 셈이었다. '조용하게 세상을 바라보는 공간'이라는 뜻이 담긴 정관헌은 당시 고종의 심정과 생활을 엿볼 수 있다.

동서양의 건축 양식이 조화를 이루어 덕수궁의 여느 건물과 다르게 보인다. 정관헌에 앉아서 보면 덕수궁이 더욱 아름답게 보인다. 나무들과 꽃들의 풍경도 색다르게 다가온다. 덕분에 나는 이곳에서 아름답게 세상을 바라보는 법을 배웠다.

덕수궁 안 카페에 앉아 고종 황제처럼 헤이즐넛 커피와 떡을 맛보는 건 어떨까.

이곳으로 가려면

1호선 시청역 2번 출구로 나와 직진하면 오른쪽에 덕수궁이 보인다.
정관헌은 대한문 쪽으로 들어와 오른쪽으로 향하면 만날 수 있다.
전화 | 02-771-9952   시간 | (덕수궁) 09:00~21:00, (정관헌) 09:00~16:00

세종로 두 번째 장소

일민미술관

1926년에 세워진 이 건물은 외관이 독특하여 광화문 사거리에서도 시선을 한 몸에 받는다. 66년간 동아일보 사옥으로 쓰였다가, 동아일보가 새로 지은 사옥으로 이사하면서 일민미술관이 들어섰다. 일민미술관은 건물만 독특한 게 아니라 건물 앞에도 독특한 분위기가 흐른다. 마치 66년 전 거리를 걷는 기분이 든다.

서울시 유형문화재로 지정된 이 건물 안에는 미술관뿐 아니라 카페도 있다. 그 유명한 '이마' 카페이다. 두툼한 함박 스테이크와 하겐다즈 아이스크림이 토핑된 바삭한 와플이 인기 메뉴로, 미술관을 찾는 이들에게 또 다른 즐거움을 선사한다.

이곳으로 가려면
대한문을 등지고 섰을 때 왼쪽으로 걷다가 횡단보도가 나오면 길을 건넌다.
광화문 사거리가 나올 때까지 가다 보면 오른쪽에 있다.
동아일보 사옥 건물 옆에 있는데 건물이 워낙 독특해서 눈에 잘 띈다.
전화 | 02-2020-2060   시간 | 11:00~19:00

광화문 광장 일대

세종로 세 번째 장소

광화문 광장 일대에는 볼거리가 무척 많다. 미술관, 박물관, 고궁을 다 돌아보려면 하루가 턱없이 부족하다. 2009년 8월 1일 12시 일반인들에게 개방된 광화문 광장은 광화문에서 세종로 사거리 및 청계광장에 이르는 길이다. 주중에는 그런 대로 한산한 편이나 주말에는 서울을 찾은 사람들로 인해 붐빈다. 이곳에 사람이 많이 모이는 이유는 광화문 광장 일대에 볼거리가 많기 때문이다. 광장 안에는 세종대왕상과 충무공상이 있으며 주변에는 세종문화회관과 경복궁이 있다. 광장 지하에는 세종대왕과 충무공 이야기를 보고 들을 수 있는 전시관도 있다. 세종로 지하에 이런 큰 공간이 있다는 것에 놀라는 사람들이 많다. 세종로는 그야말로 넓은 길인 동시에 속도 깊은 산책길이다.

세종문화회관 앞 길에 있는 책 읽는 아저씨 동상.

이곳으로 가려면
5호선 광화문역 2, 3번 출구로 나오면 바로 시작된다.
전화 | 02-397-5955

세종로 네 번째 장소

고궁박물관 · 민속박물관

너무나 빠르게 변하는 서울에서 늘 변함없이 자리를 지키는 고궁은 든든한 위로가 되어 준다. 특히 국립고궁박물관·국립민속박물관의 지나온 세월을 확인하는 것은 의미가 크다. 우리가 어떻게 살아왔는지, 자신이 어떻게 살아가야 할지 되돌아보는 계기가 되어 주니까 말이다. 경복궁을 중심으로 양옆에 고궁박물관과 민속박물관이 있다. 고궁박물관에서는 조선왕실의 문화재를 전시하고 있으며 민속박물관에서는 한민족의 생활사, 즉 한국인의 일상과 일생에 대해 전시하고 있다.

두 박물관의 규모는 모두 상당히 넓다. 전시관을 다 돌아보려면 시간이 꽤 걸리니 넉넉하게 스케줄을 잡는 것이 좋다.

이곳으로 가려면
고궁박물관 3호선 경복궁역 5번 출구로 나오면 고궁박물관을 만날 수 있다.
전화 | 02-3701-7500   시간 | (평일)09:00~18:00, (주말)09:00~17:00

민속박물관 경복궁 방향으로 걷다 보면 경복궁의 정문인 광화문이 보인다.
광화문 안 오른쪽으로 가면 민속박물관, 왼쪽으로 가면 고궁박물관이 있다.
전화 | 02-3704-3114   시간 | (3~10월)09:00~18:00, (11~2월)09:00~17:00, (5~8월)09:00~19:00

보통날의 서울 산책

옛날 건물 세트장

세종로 다섯 번째 장소

최근에 복고 바람이 거세게 일면서 '쎄시봉' 같은 추억의 장소들이 회자되고 있다. 추억의 거리로도 불리는 옛날 건물 세트장은 국립민속박물관 옆에 위치한다. 마치 시간이 몇 십 년 전으로 되돌아간 듯한 느낌을 주는 길 곳곳에는 1960~1970년대의 삶이 묻어나 있다. 당시 사용했던 세수대야와 전화기는 그 시절을 보낸 이들에게 향수를 불러 일으킨다. 개항기 상점 및 전차, 다방, 이발관, 식당, 만화방, 양품점, 사진관 등 다양한 세트 상점들이 길을 따라 늘어서 있다. 직접 들어가서 만지고 사용할 수 있는 것들도 있어서 마치 타임머신을 타고 과거로 회귀한 기분이다.

간판과 벽보에서도 세월이 느껴진다.

이곳으로 가려면
옛날 건물 세트장은 국립민속박물관 옆에 있으며, 야외 세트장이다.
전화 | 02-3704-3114   시간 | (3~10월)09:00~18:00, (11~2월)09:00~17:00

1970~1980년대 쎄시봉 수다

1970년대는 대한민국 근대 문화 역사에 한 획을 그은 시대이다. 전철 1호선이 개통되었으며, 다방 디제이로 엄청난 인기를 누린 이장희, 윤형주, 송창식, 조영남 등이 '쎄시봉' 붐을 일으켰다.

장발족이 생겨났고 청바지를 입은 젊은이들이 통기타를 메고 시내 곳곳을 다녔다. 부동산 투기의 상징인 복부인이 태어난 시기도 1970년대이다.

'잘했군, 잘했어'와 '형님 먼저, 아우 먼저' 등의 유행어가 퍼지기도 했다. 하지만 1970년대는 입조심이 강조되던 서글픈 시대이기도 하다. 서슬 퍼런 유신정권으로 인해 언론의 자유는 봉쇄되고 국민은 알권리를 잃어야만 했다.

이후, 1980년대는 제5공화국과 함께 열렸다. 5·18 광주 민주화 운동이 일어났으며, 야간 통행 금지가 해제되었고, 아시안 게임과 올림픽이 개최되기도 했다. 독일에서는 베를린 장벽이 무너졌고, 중국에서는 천안문 사태가 일어나는 등 국내외 안팎으로 정세가 불안정했다.

하지만 1980년대 후반에는 홍콩 누아르 영화 시대가 도래했다. 주윤발, 유덕화, 장국영은 한국에서 그야말로 엄청난 인기를 누렸다.

또한 1980년대에는 대학가에서 시위가 끊임없이 일어났다. 민주화를 위한 열망이 그야말로 불꽃처럼 타오른 시기였다.

성균관길

캠퍼스의 낭만을 찾아 떠나다

산책 예찬

대학로와 성균관대학교 사잇길에는 낭만과 활기가 가득하다. 왁자지껄한 캠퍼스에는 특권을 부여받은 사람들이 총총걸음으로 활보한다. 셀 수 없을 정도로 많은 음식점과 옷가게 때문만은 아니다. 이곳을 지나는 대학생들이 뿜어내는 열정이 거리 곳곳에 에너지를 불어넣고 있다.

박민영, 송중기, 박유천이 출연한 드라마 〈성균관 스캔들〉로 또 한 번 주목을 받기도 한 성균관은 한국에서 가장 오래된 국가 교육기관이다. 고려 말부터 이어진 조선 최고 교육기관인 이곳에는 600년 세월의 흔적들이 고스란히 남아 있다.

조선 태조 7년(1398)에 세워진 문묘에서는 당시 학생들이 공부하고 생활하던 공간과 그들과 함께 한 500살의 거대한 은행나무를 볼 수도 있다.

지금의 문묘는 동네 주민들의 산책 장소로도 많은 사랑을 받고 있다. 마치 한 폭의 산수화같이 예쁜 곳에서 산책을 하는 주민들을 보니 부러운 마음이 절로 생겨났다.

노래　슈프림팀의 〈그땐 그땐 그땐〉
"내가 똑바로 서 있지 못하거나 불안한 모습 보인다거나 그럴 땐 누가 날 안아줄지." 하는 노랫말을 읊조리면 서글퍼진다. 그래도 좋다. 노래 가사처럼 견디는 법을 배우는 것도 인생의 한 부분이다.

길벗　절친한 친구와 세종로를 걸으며 음악을 들으면 운치 있다.

성균관길 산책 코스

약 480m / 소요시간 15분
1.에브리데이 - 2.꽃향유 - 3.문묘 일원 - 4.아이럽 파스타

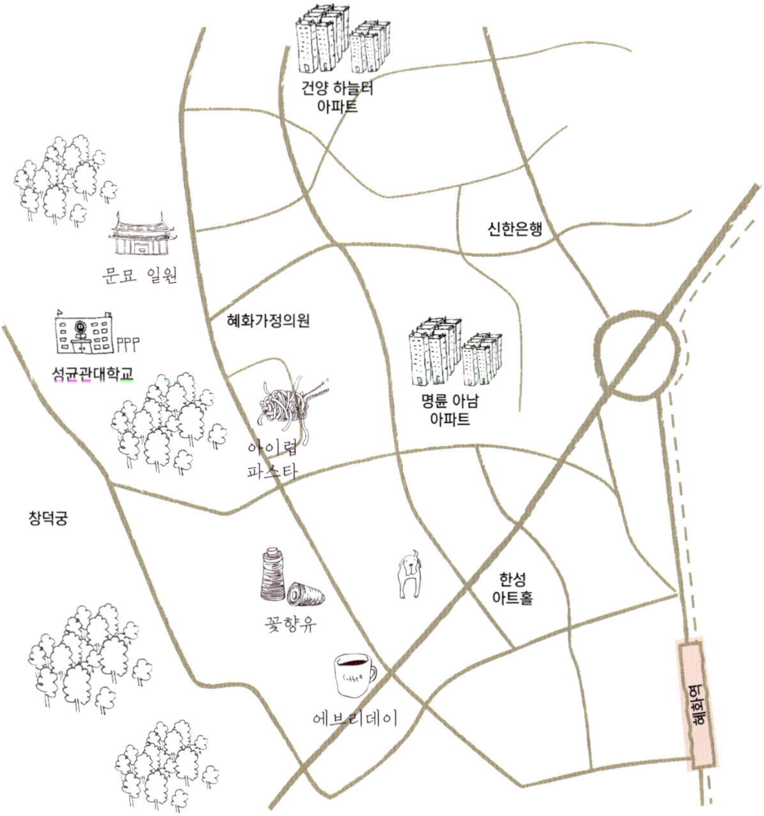

산책 가는 길
전철 | 4호선 혜화역 4번 출구에서 도보 7~10분
버스 | (간선) 102, 104, 106, 107, 150, 272, 301, 710 / (마을) 종로 07, 08

 ## 에브리데이

성균관길 첫 번째 장소

앙증맞은 컵케이크로 가득한 에브리데이는 내부 인테리어도 예쁜 탓에 대학생들이 즐겨 찾는 곳이다. 좁은 골목에 위치해 있지만 사람들의 발길을 골목으로 돌리게 만든다.

에브리데이 카운터 앞에 서면 사람들은 잠시 주문을 망설이게 된다. 주문대 옆에 진열되어 있는 컵케이크 때문이다. "무엇을 먹어야 하지?" 아무리 고민해도 답이 떠오르지 않는다. 전부 예쁘고 맛있게 생겼다. 다 먹을 수는 없는 노릇이기에 힘겹게 하나를 고른다. 직접 맛을 보면 고민은 더욱 커진다. 엄청 맛있어서 언제 다시 재방문할지 골똘히 생각하게 된다.

달콤쌉싸름한 카카오 초코 컵케이크를 먹는 순간, 탄성을 지르게 된다.

이곳으로 가려면
4호선 혜화역 4번 출구로 나와 대명거리 쪽으로 걷다 보면 제법 큰 사거리가 나온다. 횡단보도를 건넌 후 성균관대학교 방향으로 가면 첫 번째 골목에 에브리데이가 보인다.
전화 | 02-766-6147　　시간 | 11:00~23:00

성균관길 두 번째 장소

꽃향유

꽃향유는 길에 피어 있는 한 송이의 꽃과 같다. 성균관길을 걷는 이들은 꽃향유 앞에서 잠시 고개를 돌린다. 꽃향유의 아름다운 분위기 덕분이다. 성균관길은 대학가이기에 음식점이 많다. 꽃향유는 음식점이 즐비한 거리에서 그야말로 꽃향기를 뿌린다고도 할 수 있다. 핸드메이드 액세서리 숍인 이 가게에는 수작업을 거친 제품들로 가득하다. 제품들은 주로 20, 30대 여성들이 좋아할 만한 귀여운 스타일이 주를 이룬다. 예쁘고 독특하다. 흔하지 않는 액세서리를 원하는 사람이라면 꼭 한번 들러 볼 만하다.

나뭇가지에 열린 액세서리

이곳으로 가려면
에브리데이 정문을 등진 채 오른쪽으로 향한다.
성균관길이 나왔을 때 왼쪽으로 조금 걸으면 왼쪽에 꽃향유가 보인다.
전화 | 02-745-5105   시간 | 12:00~22:00(일요일)

 문묘 일원   성균관길 세 번째 장소

내가 아는 여성은 아침 7시에 출근해 밤 11시가 되어서야 퇴근한다. 이른바 세븐일레븐 인생을 산다. 쳇바퀴를 돌듯 반복되고 고된 생활이지만 여전히 형편은 나아지지 않는다. 엎친 데 덮친 격으로 이 와중에 노처녀 딱지도 달았다. 하지만 그녀는 다른 이들과 달리 일주일에 한 번은 온전히 자신만을 위한 시간을 가진다. 대개는 양반집 자제처럼 느긋한 여유를 즐긴다. 이따금 쉬는 날이면 문묘 일원으로 향하기도 한다. 그녀는 이곳에서 타임머신을 타고 600년 전으로 날아간다. 문묘 일원에서 산책을 하며 여유를 즐기는 것이다. 문묘 일원은 유학자들의 제사를 지내고 인재들을 길러내는 최고의 교육기관이었다. 문묘는 문선왕의 사당이고, 성균관은 교육기관인데 이 둘을 묶어 문묘 혹은 성균관이라 불렀다. 문묘 일원에는 당시 학생들이 거처하던 곳과 도서관 역할을 하던 건물인 존경각이 있다. 천천히 거닐다 보면 과거의 역사가 생생하게 느껴진다. 문에 귀를 대고 있으면 몇 백 년 전 유생들의 이야기가 들릴 것만 같다.

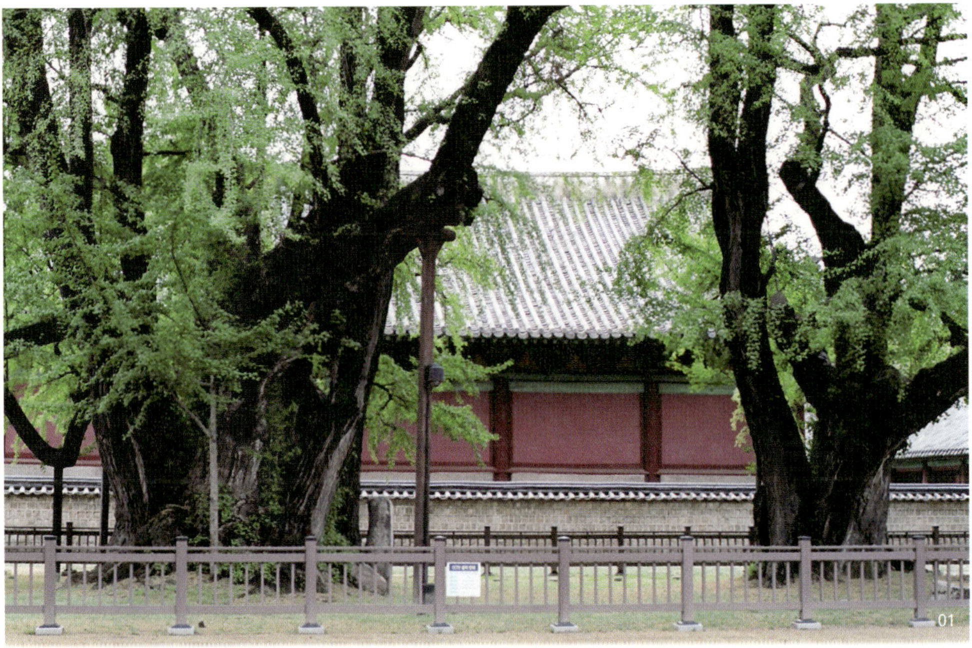

01 서울 문묘에 있는 은행나무로, 500년의 수령을 자랑하는 천연기념물 제59호이다.
   보통의 은행나무는 암나무를 천연기념물로 지정하지만 이 나무는 수나무다.
02 제기고 문. 자물쇠로 쓰인 철이 눈길을 사로잡는다.
03 문묘 일원의 북. 기상시간과 식사시간을 알려 주는 데 쓰였다.

이곳으로 가려면
꽃향유 정문에서 등진 자세에서 왼쪽으로 걸어가면 성균관대학교 정문이 나온다.
성균관대학교 정문으로 들어온 후, 오른쪽으로 향하면 왼쪽에 문묘 일원으로 들어갈 수 있는 문이 보인다.
시간 | 09:00~17:00

아이럽 파스타

성균관길 네 번째 장소

칭찬, 격려, 위로, 응원에 우리는 늘 인색하다. 돈이 드는 일도 아닌데 사람들은 쉽게 하지 않는다. 부끄러워서 그런 걸까? 익숙하지 않아서 그런 걸까?
아이럽 파스타에서 나는 돈이 드는 일도 아닌 일을 한껏 하고 싶은 충동을 느꼈다. "이곳은 정말 멋진 분위기의 음식점이네요.", "이 집의 넓은 창과 큰 의자가 정말 좋아요."
성균관대학교 정문 바로 앞에 위치해 있어 찾기도 쉽다. 한쪽 벽면은 투명한 유리창으로 되어 있어 성균관대학교를 오가는 학생들의 모습도 내려다보인다.
매장 안은 파스텔 톤으로 꾸며져 있다. 클래식하고 젊은 분위기 때문인지 친구, 연인, 동료 등 다양한 사람이 즐겨 찾는다. 소스는 자체 개발해서 느끼한 맛이 전혀 없다. 분위기 있는 하루를 보내고 싶다면 꼭 들러 볼 만하다. 오래도록 앉아 이야기를 나누며 밥을 먹고 싶은 사람에게도 추천한다.

이곳으로 가려면
성균관대학교 정문 맞은편에 위치해 있다. 맞은편 건물 2층에 있어 찾기가 쉽다.
전화 | 02-744-3369   시간 | 10:00~21:00

〈성균관 스캔들〉 - 유생 이야기

조선시대 공부벌레들이 공부했던 곳이 600년 넘게 한 자리를 지키고 있다. 성균관대학교 안으로 들어가는 길 곳곳에는 세월이 남긴 흔적이 지금도 남아 있다.

성균관대학교 정문 쪽에서 왼쪽에 바로 보이는 하마비(비석)에는 '大小人 員皆下馬'라고 쓰여 있다. 이는 대소 관리로서 이곳을 지나가는 자는 모두 말에서 내리라는 뜻이다. 당시 잘사는 유생들은 말을 타고 다녔는데 이들도 하마비 앞에 서면 말에서 내려 걸었다.

드라마 〈성균관 스캔들〉에도 나오지만 성균관 유생들은 기숙사 생활을 했다. 지금도 문묘 일원에는 성균관 유생들의 기숙사인 동재와 서재가 있다. 도서관 역할을 했던 건물인 존경각이 있고, 교육 경비로 쓰이는 돈과 곡식을 관리했던 양현고도 볼 수 있다.

그리고 500년 동안 이 모든 것을 본 은행나무도 그 자리를 지키고 있다.

공부하던 이들이 머물던 곳이라 그런지 문묘 일원은 화려하진 않다. 소박하고 질서정연하다. 그리고 모든 이들에게 문이 활짝 열려 있다.

-
진정 자유로워지기를 원한다면
스스로 비상할 수 있도록 날개짓을 배워 둬야 한다.
사람은 갑자기 자유로워질 순 없는 법이니까 말이다.
-

느릿느릿
네 번째 산책 이야기

어디론가
떠나고 싶을 때

프로방스 길

파주의 끝에서 자유를 외치다

산책 예찬

어디론가 멀리 떠나고 싶을 땐 프로방스 마을로 간다. 서울에서 조금 떨어져 있는 프로방스 마을은 프랑스의 태양과 빛의 도시인 프로방스를 모티브로 한 까닭에 마을 곳곳에 프랑스의 감성과 여유가 묻어난다.

오전 12시가 가까워져 올 때면 사람들이 하나둘 프로방스 마을로 모여 든다. 먹고, 쇼핑하고, 사진을 찍으며 저마다의 취향대로 마을을 즐긴다.

1996년 8월 이탈리아 정통 레스토랑을 시작으로 세워진 프로방스 마을은 세월이 지나는 동안 더욱 커지고 아름다워졌다. 근사한 숍과 카페들이 속속 들어선 마을에는 생동감이 흘러 넘친다. 마을 안에 들어서면 푸른 지구를 목격한 우주비행사처럼 짜릿한 발견의 기쁨이 기다리고 있다.

온종일 예쁜 것만 보고, 맛있는 것만 먹으며 보낸 하루는 생각했던 것보다 훨씬 더 즐겁다. 인생을 사는 동안 가끔씩 세상이 지겨워질 때, 혹은 일상을 벗어난 자유가 무척 그리울 때면 2200번 버스를 타면 된다. 버스는 쉽고 빠르게 예쁜 세상으로 안내해 줄 것이다.

 노래　김장훈의 〈세상이 그대를 속일지라도〉

 길벗　프로방스 마을에 오면 왠지 수다를 나누어야만 할 것 같다. 이런저런 세상사를 나누기에 좋다. 눈으로는 색색의 거리를 구경하고, 친구와 함께 그동안 못 다한 이야기 보따리를 풀자. 세상이 그대를 속일지라도 괜찮다. 나의 이야기를 들어주는 사람이 곁에 있으니까 말이다.

프로방스길 산책 코스

약 250m / 소요시간 14분

1.유리정원 – 2.트렌디 팩토리 – 3.내가 만든 집 – 4.라이프관 – 5.피자 쏘렌토
6.류재은 베이커리 – 7.프로방스 레스토랑

산책 가는 길  전철 | 2호선 합정역 2번 출구에서 2200번 버스 탑승 후, 성동리 사거리에서 하차. 도보 10분

버스 | (광역)2200

 ## 유리정원

프로방스길 첫 번째 장소

행복한 인생을 위해서는 반드시 통과해야 하는 문이 있다. 유리정원도 이러한 문 중에 하나다.

유리정원은 꽃으로 가득한 공간이다. 유리로 된 공간 안에는 화분, 꽃, 분수, 커피숍이 있다. 식물을 판매하는 곳도 있다. 황금사철, 황금세덤, 백정화, 부겐빌레아, 다알리아 등 다양한 식물을 구매할 수 있다. 잠시 쉴 수 있는 벤치도 있지만 앉아서 쉬는 사람은 흔치 않다. 꽃 구경하기에도 벅차다. 인공으로 만들어진 작은 호수도 깨끗한 물과 자연으로 사람들의 발길을 붙잡는다. 마치 유리정원을 통과하면 몸과 마음에 꽃 향기가 배어 드는 듯하다.

자연이 주는
청량감이란 이런 걸까.

이곳으로 가려면
류재은 베이커리에서 직진으로 걷다 보면 왼쪽에 보인다.
전화 | 1644-8088   시간 | 11:30~22:00

프로방스길 두 번째 장소

트렌디 팩토리

아기자기한 내추럴풍 인테리어에 관심이 많다면 트렌디 팩토리를 추천한다. 이곳은 프로방스 마을에서 유일한 가구·인테리어 소품 전문 매장이다. 특이하게도 유리정원 안에 있다. 유리정원을 거닐다 보면 가게 안을 채우고 있는 상품들이 전부 예사롭지 않아 자연스럽게 이곳으로 들어가게 된다. 생활 속에서 자연을 공유할 수 있는 제품들이 주를 이루는데, 컵, 그릇, 냄비, 앞치마, 의자 같은 제품들은 시중에서 흔히 볼 수 없는 스타일로 채워져 있다. 컨트리풍의 가구와 소품들이라 편안한 느낌을 안겨 준다. 문득 주위를 둘러보면 매장 안은 여자들로 발 디딜 틈이 없을 정도이다. 그만큼 여자들이 선호하는 스타일이 한가득이다.

음식 담기가 아까울 정도로 예쁜 접시.

유리정원 안에 위치한 트렌디 팩토리. 01
방문객의 시선을 끄는 예쁜 접시들. 02

이곳으로 가려면
유리정원 안에 있다. 유리정원이 생각보다 넓지 않기 때문에 쉽게 찾을 수 있다.
전화 | 031-946-0913   시간 | 11:30~22:00

 ## 내가 만든 집

프로방스길 세 번째 장소

작은 규모의 집일지라도 꾸미기에 따라 100억 저택도 부럽지 않을 수 있다. 간판 이름이 독특한 이곳은 패브릭 전문가가 직접 디자인하고 만든 커튼, 침구 등이 지나가는 이의 발길을 멈추게 만든다.

고객들 취향에 맞추어 주문제작도 받는다. 천으로 만든 실내화, 베개, 가방 제품들은 하나같이 예쁘고 귀여운 스타일이다. 패브릭에 관심이 없던 사람도 내가 만든 집에 한 번 들어갔다 나오면 패브릭에 관심을 가지게 될 만큼 원단 천국이다.

내가 만든 집은 유리정원 안에 있어서 그런지 또 하나의 예쁜 정원처럼 느껴지며, 가게 안에 진열된 상품들은 유리정원을 빛내 주고 있다.

사무실에서 신어도 무난한 체크 무늬 실내화.

이곳으로 가려면
유리정원 안에 있으며 트렌디 팩토리 옆에 위치한다.
전화 | 031-957-6396   시간 | 11:30~22:00

프로방스 마을 네 번째 장소

라이프관

몇 년 전, 점심식사 값을 아껴가며 주전자 하나를 구입했다. 아주 비싼 녀석이었지만 몸값은 톡톡히 했다. 주전자, 화병, 소품 그릇으로 활용되다가 지금은 다시 물 주전자로 쓰고 있다.

프로방스의 라이프관 역시 밥값을 아껴서라도 구입하고 싶은 제품들로 가득하다. 매장 안은 하나의 거대한 그릇 미술관이다. 하나같이 예쁜 색상과 디자인이 세련된 그릇들이 매장 안을 가득 메우고 있다. 그릇은 식기로 사용할 수 있는 것에서부터 장식용까지 종류도 다양하다. 특히 꽃과 허브 같은 자연을 모티브로 한 내추럴풍의 도자기는 핸드메이드라서 조금씩 생김새가 다르다. 프로방스 마을에 온 사람들이 가장 오래도록 머무르는 장소이자, 누구나 오래도록 기억하는 장소이다.

이곳으로 가려면
유리정원과 연결되어 있다.
트렌디 팩토리와 내가 만든 집을 등지고 섰을 때 왼쪽에 보인다.
전화 | 031-949-8108   시간 | 11:30~22:00

피자 쏘렌토

프로방스길 다섯 번째 장소

피자 쏘렌토는 1992년 대한민국에서 최초로 스파게티 전문점으로 첫발을 내디뎠다. 그야말로 입에 착 달라 붙는 스파게티를 선보이는 이곳은 분위기가 깨끗하고 아름다워 식사 후 담소를 나누기에도 제격이다. 내부 인테리어가 예뻐서 식사를 하면서 기념사진을 찍는 사람들도 이따금 눈에 띈다.

스파게티도 맛있지만 밥 종류도 괜찮게 나온다. 토마토 소스로 만든 치킨 리소토는 엄지 손가락을 치켜세울 만큼 맛나다.

이곳으로 가려면
유리정원 반대 방향 쪽 문으로 나간 후 왼쪽으로 보면 보인다.
전화 | 031-949-8053   시간 | 11:30~22:00

치킨 리소토는 토마토 소스에 치즈로
그라탕을 해 입에 착 달라 붙는다.

프로방스길 여섯 번째 장소

류재은 베이커리

프로방스 마을에는 빵 특유의 달콤하고 고소한 향이 솔솔 풍긴다. 이 향을 내는 주 정체는 바로 류재은 베이커리의 빵들이다. 가게 앞에는 '마늘 빵이 맛있는 집'이란 문구가 크게 쓰여 있다. 실제로 이 집의 마늘 빵은 프로방스 마을에서 최고의 인기를 누린다. 주말에는 빵을 진열하기가 무섭게 팔려 나간다. 또한 이곳은 파리 스타일의 디저트 종류가 무척이나 많은 편이라 프로방스에서 느긋한 브런치를 즐기기에 이만한 곳이 없다. 특히 딸기 무스 케이크와 호두 타르트는 타의 추종을 불허할 정도로 식감이 뛰어나다.

보기만 해도 배부른 미니 케이크.

이곳으로 가려면
피자 쏘렌토 정문을 등지고 섰을 때 오른쪽으로 3분 정도 걸으면 만날 수 있다.
전화 | 031-949-8197   시간 | 11:30~22:00

프로방스 레스토랑

프로방스길 일곱 번째 장소

프로방스 레스토랑의 입구에 들어선 순간 '인생을 사는 동안 한 번쯤은 이런 곳에서 식사를 해 봐야 하지 않을까?' 하는 생각이 들었다. 건물 외관이 마치 유럽의 어느 마을에 와 있는 착각을 불러 일으킨다. 덕분에 프로방스 마을 안에서도 눈에 쉽게 띈다. 다양한 메뉴가 갖추어져 있어 골라 먹는 재미 또한 남다르다. 내부 인테리어도 멋지다. 천천히 먹고, 천천히 이야기를 나누기에 좋다.
프로방스 레스토랑 내부는 고급 레스토랑 분위기를 풍긴다. 특별한 날 가기에 제격이다.

시원한 아이스크림은 작은 스푼으로 천천히 떠 먹어야 제 맛!

이곳으로 가려면
류재은 베이커리에서 헤이리 정문 반대 방향으로 직진하면 만날 수 있다.
전화 | 031-945-0230   시간 | 11:30~22:00

프로방스 마을 100배 즐기기

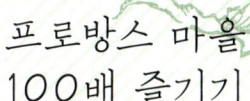

프로방스 마을은 아무 생각 없이, 무방비 상태로 방문하면 안 된다. 마을에 들어서면 눈길을 끄는 제품들이 워낙 많기 때문에 일단 무엇을 살 것인지 목록을 작성하지 않으면 마음이 혼란스러워진다. 어떤 목적으로 가는 것인지를 정하고 가는 것이 중요하다.

친구들이나 가족들과 맛있는 음식을 먹고 마을 구경을 하면서 기념사진을 찍는 것으로 방문하는 것이라면 홈페이지를 방문해 어느 식당에서, 어떤 음식을 먹을지에 대해서 미리 리스트를 정하고 가는 것이 좋다.

프로방스 마을은 끊임없이 걸어야 하는 동네가 아니다. 그렇기 때문에 꼭 운동화를 신을 필요는 없다. 동네는 그렇게 크지 않지만 하루를 보내기에는 충분하다.

항동 기찻길

느림의 미학을 온전히 느끼며 걷다

산책 예찬

구로구 항동 기찻길은 구로구 오류동과 부천생태공원 구간을 오가는 경기화학선 철길이다.

항동 기찻길에 처음 온 사람들은 어리둥절한 표정을 짓는다. 서울 속에 이런 동네가 아직도 남아 있구나 하는 생각에서 말이다. 1960년대 분위기를 풍기는 이러한 동네가 남아 있다는 것을, 끝없이 이어진 철길을 걸을 수 있다는 것을 마음속 깊이 감사하게 된다.

기찻길 주변에선 때때로 서울에서는 흔치 않은 풍경을 볼 수 있다. 쑥을 캐는 아주머니들과 농사를 짓는 주민들의 모습은 기찻길을 산책하는 이들에게 정겨움을 전해 주기도 한다.

항동 기찻길을 산책하다가 배가 출출해지면 근처에 있는 성공회대학교나 유한대학으로 향한다. 항동 기찻길 근처에는 차를 마시거나 밥을 먹을 수 있는 대학교가 두 곳이나 된다. 큰 비용 들이지 않고도 재미있게 즐길 수 있는 항동 기찻길은 마음과 지갑에도 부담을 주지 않는 멋진 산책로이다.

🎧 **노래** 윤상의 〈Back To The Real Life〉
느낌 있는 작곡가이자 가수인 윤상의 노래는 슬프지만 듣고 나면 마음에 꽃이 피어난 기분이다.

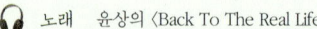 **길벗** 항동 기찻길은 둘이서 이야기하며 걷기에 좋은 산책로이다.

항동 기찻길 산책 코스

약 3.5km / 소요시간 50분
1.학생회관 － **2.**구두인 하우스 － **3.**기찻길 － **4.**깐뚜치오

기찻길
항동저수지
은하수 수복원 아파트
그리빌라
삼풍아파트
오정초교
깐뚜치오
구두인하우스
유한대학
PPP
학생회관
홈플러스
동신아파트
역곡역

산책 가는 길  전철 | 1호선 역곡역 1번 출구에서 도보 20~25분, 7호선 천왕역 2번 출구에서 도보 3분
버스 | (지선) 6614

 ## 학생회관

항동 기찻길 첫 번째 장소

대학 구내식당에 갈 때마다 '내가 살고 있는 집이 대학가 근처라면 좋을 텐데.'라는 생각이 든다. 유한대학의 학생회관에는 구내식당과 매점이 있다. 학생회관 바로 맞은편에는 조그만한 베이커리도 자리하고 있다.

항동 기찻길에는 음식점이 거의 없는 편이니 기찻길 가기 전에 식사를 하고 가는 것이 좋다. 또 역곡역에서 내려 유한대학 쪽으로 걷다 보면 홈플러스가 보이는데 식사는 홈플러스 내에 있는 푸드코트에서 해결해도 된다.

이곳으로 가려면

1호선 역곡역 1번 출구에서 나와 오른쪽으로 보면 횡단보도가 있다.
횡단보도를 건넌 후, 왼쪽으로 계속 걷다 보면 유한대학 정문이 보이고, 정문에서 조금 더 걸어가면 후문이 보인다.
학생회관은 후문에서 더 가깝다. 정문을 지나친 후 계속 걷다 보면 오른쪽에 학생회관이 있다.
전화 | 02-2610-0600
시간 | (일반코너)중식 11:00~12:00, 석식 17:00~20:30, (라면코너)10:00~20:30

항동 기찻길 두 번째 장소

구두인 하우스

구두인 하우스는 산책 일정에 없는 곳이었다. 길을 지나가다가 불현듯 눈에 들어왔다. 더 정확히 말하면 눈에 확 띄었다. 호기심이 발동해 예쁜 고택 안으로 조심히 들어갔다. 구두인 하우스는 유한양행 창업자인 유일한 박사에 의해 세워진 건물이다. 1936년 가족들을 위한 사저로 건축된 이 집은 신학원장의 사택으로 사용되다가 1970년대에 기도와 대화를 위한 집회시설로 전환되었으며, 유신정권 시절에는 민주화를 위한 젊은이들의 집회장소로 쓰였다. 성공회대학교는 한국 신학교육을 위해 애쓴 구두인 신부의 희생과 믿음을 기리기 위해 이 집을 구두인 하우스로 명명하고 보존하고 있다. 집 주변이 꽃과 나무로 잘 가꾸어져 있어 인근 주민들에게도 인기가 높다. 구두인 하우스 앞에는 편안하게 쉴 수 있는 정자와 의자도 있다.

이곳으로 가려면
유한대학 후문을 등진 자세에서 오른쪽으로 계속 걷다 보면 오른쪽에 길이 보인다. 길을 건넌 후 오른쪽 길을 향하다 보면 왼쪽에 바로 보인다.
전화 | 02-2610-4114

기찻길

항동 기찻길 세 번째 장소

항동 기찻길 산책은 사람의 마음을 다스려 준다. 걷다 보면 자신의 몸과 마음을 훨씬 멋진 어른으로 변화시켜 준다. 항동 기찻길 주변 마을은 마치 시간이 1960년대에 멈춰 버린 듯하다. 지하철역에서 겨우 5분 거리인데도, 근교 여행을 떠나 온 것처럼 마음이 차분해진다. 정적이 이토록 평온한 것이었나 싶다.

길게 뻗은 항동 기찻길은 걷기에도 안성맞춤이다. 기찻길에 갈 때에는 7호선 천왕역에 내려서 걸어오는 것보다 1호선 역곡역에서 시작하는 것이 좋다. 천왕역에서 시작하는 코스는 개발의 영향을 이미 받고 있는 반면, 역곡역에서 시작해 천왕역 반대편으로 걷는 코스는 아직도 개울과 농사 짓는 향수 어린 풍경이 남아 있다.

기찻길 주변 마을 풍경에 마음이 설렌다.

기찻길 철로에는 추억이 한아름 어려 있다.

이곳으로 가려면

1. 구두인 하우스를 등진 자세에서 왼쪽 길로 걷는다.
5분 정도 가다 보면 길이 두 갈래로 나뉜 곳이 보인다.
이때 왼쪽 길을 선택해서 걷는다. 오른쪽 길에는 교회와 빌라를 볼 수 있다.
왼쪽 길로 들어와 5분 정도 걸으면 기찻길이 보인다. 이왕이면 오른쪽 기찻길로
걷는 것이 더 좋다. 왼쪽 기찻길로 걸으면 7호선 천왕역을 만난다.

2. 7호선 천왕역 2번 출구로 나와 직진으로 걷다 보면 신호등이 보인다.
신호등을 건넌 후 조금 더 걸으면 기찻길이 나온다. 이때 오른쪽 철길로 가지 말고 왼쪽
철길로 가야 한다. 오른쪽 철길로 가면 오류동역이 나온다.

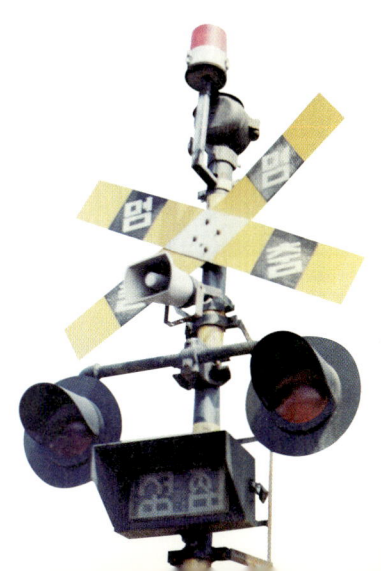

 ## 깐뚜치오   항동 기찻길 네 번째 장소

음식을 먹다가 갑자기 우울한 기분이 들 때가 있다. 예전에는 어떤 상황에서든 예쁘게 먹으려 애썼는데, 이젠 남의 시선은 아랑곳하지 않고 게걸스럽게 먹고 있는 내 자신이 서글프게 느껴진 것이다.

하지만 이탈리안 카페인 깐뚜치오에선 우울함이 들지 않는다. 먹는 모습이 예뻐 보이는 음식들만 선보이기 때문이다. 대학교 내에 있어서 그런지 분위기나 맛에 비해 가격은 비교적 저렴한 편이라 더욱 마음에 든다.

깐뚜치오 매장 안은 책을 읽기에도 좋다.

이곳으로 가려면
깐투치오는 성공회대학교 미가엘관 1층에 위치해 있다.
구두인 하우스 정문을 마주 본 상태에서 오른쪽으로 가면 만날 수 있다.
전화 | 02-2610-4388
시간 | (평일)11:00~19:30, (토요일)11:00~17:00

기찻길에 얽힌 추억

"아파트에 사는 아이다."

어린 시절, 내가 놀이터에 가면 동네 아이들은 나를 이렇게 불렀다. 다른 아이들은 자신의 이름으로 불리는 데 반해 나는 예외였다. 지금이야 온 동네가 아파트촌이 되었지만 당시만 해도 일반 주택에 사는 아이들이 훨씬 많았다.

아이들은 나의 이름을 묻지도 않았고 친하게 놀려고 하지도 않았다. 남자아이들 중에는 이유 없이 나를 건드리는 아이도 있었다. 한마디로 상냥하게 대해 주지 않았다. 하지만 나는 늘 동네 아이들의 주변을 맴돌았다. 그 아이들 말고는 놀아 줄 동무가 없었기 때문이다.

그날도 불친절한 아이들과 함께 길어가고 있다. 아이들의 발길음은 동네 근서 기찻길에서 멈췄다. 평소에 기차가 제법 자주 다니는 기찻길이었다. 여섯 살에서 여덟 살에 이르는 아이들은 느닷없이 기찻길에서 일종의 담력 테스트 내기를 하기 시작했다. 남자아이, 여자아이 가릴 것이 없었다. 하지만 모두 담력이 약했다. 기차 소리가 들리기만 해도 냅다 도망치는 아이가 대다수였다. 그나마 간이 큰 아이는 기차 모습이 보일 때까지 기찻길 중앙에 서 있었다. 하지만 오래 서 있지 못했다.

어느새 내기에는 긴장감마저 감돌았다. 누가 기차 앞에서 더 오래 버티느냐가 관건이었다. 하지만 모두 도전하지 못한 상황!

그때 내가 철로의 중앙에 섰다. 나는 이를 악물었고, 최대한 버틸 수 있을 만큼 버티다가 내려왔다. 그날의 챔피언은 나였다. 그날은 아무도 나의 기록을 깨트리지 못했다.

삶과 죽음 앞에 섰던 그때, 나는 학교도 입학하지 않은 일곱 살이었다.

기찻길 사건 이후 나는 동네에서 제일 용기 있는 아이가 되었다. 이때부터 나를 괴롭히던 아이들은 내 이름을 제대로 불러 주었다.

그때 나는 배웠다. 살다 보면 목숨을 걸어야 하는 일들을 만나게 된다는 사실을 말이다.

신라호텔 조각공원길

유유자적한 도심 속 산책을 즐기다

산책 예찬

신라호텔 조각공원길로 들어서기 전, 보기에도 예쁜 꽃비빔밥으로 먼저 배를 채운 다음에는 소화도 될 겸 산책을 시작한다.

신라호텔 조각공원은 누구에게나 문을 열어 둔다. 가나화랑과 신라호텔이 함께 조성한 곳이 공원 곳곳에는 아름다운 조각작품이 전시되어 있으며, 민복진, 유영교 등 국내 대표 작가들의 작품을 가까이에서 감상할 수 있다.

산책객들을 위한 호텔 측의 배려 덕분에 조각공원에는 잔잔한 음악도 흐른다. 신라호텔 조각공원이 아름다운 또 다른 이유는 서울성곽길이 있기 때문이다. 그야말로 예술과 역사를 동시에 느낄 수 있다.

조각공원을 산책하다 보면 서울성곽길을 따라 산책하는 이들을 자주 목격할 수 있다. 성곽길 완주에 살짝 욕심이 생기지만 빨리 마음을 거둔다. 카페6269의 달콤한 빵이 자꾸 생각나니까 말이다.

 노래   이승환의 〈프란다스의 개〉

 책   전혜린의 《그리고 아무 말도 하지 않았다》.
"비가 조금씩 오는 거리를 혼자서 걸었을 때, 나는 완전히 행복하다. 맛있는 음식, 진한 커피, 향기로운 포도주. 생각해 보면 나를 기쁘게 해 주는 것들이 너무 많다."

 길벗   함께 거닐어도, 혼자여도 사색에 잠기기에는 무리가 없다.

신라호텔 조각공원길 산책 코스

약 1.1km / 소요시간 21분
1.다담에 뜰 **- 2.**장충단공원 **- 3.**신라호텔 조각공원 **- 4.**카페6269

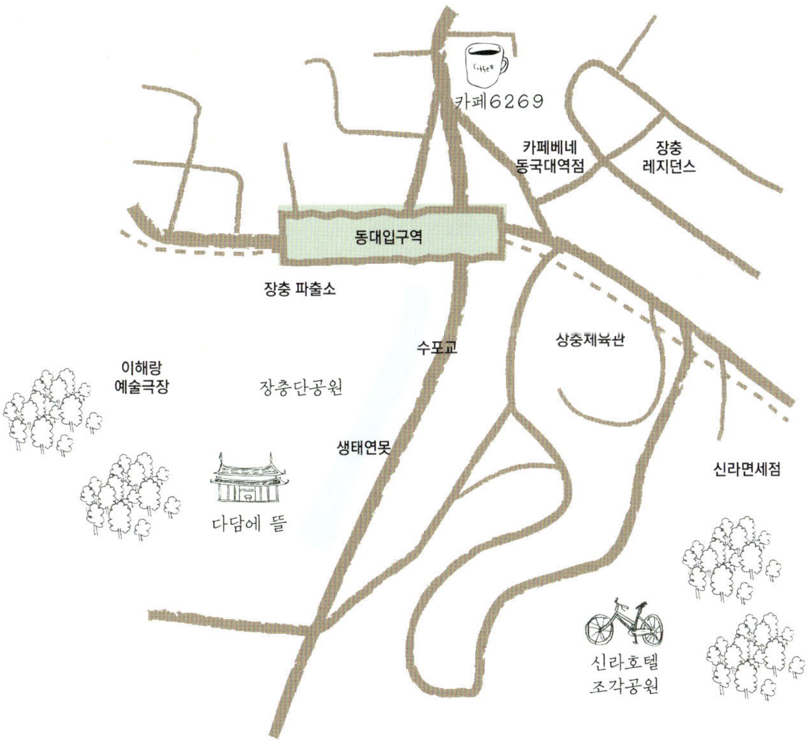

산책 가는 길    전철 | 3호선 동대입구역 5번 출구에서 도보 3~5분
              버스 | (간선) 142, 144, 147, 301, 407 / (지선) 6211, 7212

다담에 뜰

신라호텔 조각공원길 첫 번째 장소

사람의 온도가 36.5℃여서 다행이다. 조그만한 감동에도 쉽게 따뜻해질 수 있으니까 말이다. 다담에 뜰에서의 만찬은 감동 그 자체이다. 정성이 가득 담긴 꽃 비빔밥과 국화차는 먹을수록 진한 맛이 우러나온다. 외관은 한옥이지만 카페의 성격도 띠고 있다. 다담에 뜰 마당 옆에는 폭포수가 흐른다. 식사 후 시원한 폭포 근처에 앉아 있노라면 묵은 피로감이 물살에 씻겨 내려가는 기분이 든다. 자연식 위주의 식단이라 그런지 스님의 모습도 보인다. 다소 고급스러워 보이는 가게 분위기에 반해 가격은 부담스럽지 않아 인근 대학생들도 많이 찾는다.

정성이 가득 담긴 식사를 하게 되면 작은 감동도 함께 받게 된다. 감동이라는 양념이 더해졌기 때문일까. 다담에 뜰에서 밥을 먹은 후에는 기분이 좋아진다.

이곳으로 가려면
3호선 동대입구역 6번 출구로 나오면 왼쪽에 장충단공원이 있다.
다담에 뜰은 장충단공원 끝에 위치해 있다.
전화 | 02-2267-9001   시간 | 10:00~21:00

국화향이 가득한 차.

신라호텔 조각공원길 두 번째 장소

장충단공원

세상을 살다 보면 모르는 게 약일 때가 있다. 세상 돌아가는 물정을 파악하려 하기보다는 자연과 사람 구경을 하며 마음을 비우는 게 오히려 나을 때도 있다.

도심에서 쉽게 찾을 수 있는 장충단공원을 거닐며 자연이 주는 여유로움에 머리를 식혀도 좋다. 사실 장충단공원은 평범한 동네 공원이 아니다. 하나의 역사요, 문화유적지이다. 일제 강점기에 명성왕후가 시해된 후, 고종은 이곳에 사당을 짓고 장춘단을 세웠다. 이후 일제에 의해 벚꽃이 심기도 한 이곳에는 을미사변 때 희생된 영령들을 위로하기 위해 세운 장춘단비와 이준 열사 동상, 사명대사 동상도 볼 수 있다.

장충단공원에는 산책을 즐기는 사람들이 많다. 산책하기에 좋은 생태연못이 있기 때문이다. 생태연못은 공사를 끝낸 지 오래되지 않아 꽤 깨끗한 편이다. 생태연못 둘레를 몇 바퀴 돌고 나면 몸과 마음이 정화된다.

이곳으로 가려면
다담에 뜰과 장충단공원은 한곳에 있다.
다담에 뜰을 등지고 섰을 때 앞과 옆에 보이는 모든 곳이 장충단공원이다.

신라호텔 조각공원

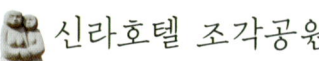

신라호텔 조각공원길 세 번째 장소

'아버지가방에들어가신다.' 띄어쓰기의 중요성을 이야기할 때 자주 쓰이는 구절이다. 띄어쓰기를 잘못하면 아버지가 방에 들어가는지, 가방에 들어가는지 헷갈리게 된다. 인생에도 띄어쓰기가 중요하다. 제대로 쉬지 못한 인생은 엉망진창이 되어 버리고 만다.

신라호텔 조각공원에는 국내 대표 작가의 조각 작품이 전시되어 있다. 작품들은 산책길을 따라 전시되어 있어 걸으면서 감상하기에 부담이 없다. 조각공원은 1987년에 조성되었다. 꽤 넓은 편이며, 서울성곽도 함께 둘러볼 수 있다. 공원 전체에 잔잔한 음악이 흐르고 있어 산책에 색다른 즐거움을 더해 준다. 사람이 많이 북적이지 않기에 조용히 사색을 하며 걸을 수 있는 점 또한 신라호텔 조각공원이 가진 장점 중의 하나이다.

이곳으로 가려면
장충단공원 생태연못 쪽에 돌로 된 다리인 수표교가 있다. 수표교를 이용해 도로 쪽으로 걷는다.
앞에 장충체육관이 보이고 오른쪽에 신라호텔 조각공원으로 들어갈 수 있는 한옥 모양의 문이 보인다.

01 강대철의 〈나무로부터 Ⅲ〉 작품.
　　신라호텔 조각공원으로 들어가는 입구에 있다.
02, 03 작지만 아기자기한 산책로.

신라호텔 조각공원길 네 번째 장소

카페6269

카페에서 책을 읽고, 사람을 만나고, 공부도 한다. 할 수 있는 게 많아서일까. 카페는 갈수록 늘어나고 있다. 카페6269는 장충동의 분위기 좋은 카페로 입소문이 나 있다. 점심시간에는 식사 후 담소를 나누기 위해 찾은 직장인들로 살짝 붐비기도 한다. 카페 밖은 마치 가정집 같지만, 내부는 작은 갤러리 같은 분위기이다.
좋은 원두로 커피를 만들기 때문인지 커피 향과 맛에서 깊이가 느껴진다. 신라호텔 조각공원을 산책한 후에는 가볍게 쉬어 가고 싶다면 꼭 들러 볼 만하다.
카페6269의 인기 메뉴는 허니브레드이다. 빵과 아이스크림, 꿀이 절묘한 조화를 이룬 허니브레드는 부드러우면서도 달콤한 맛을 지니고 있다.

이곳으로 가려면
장충체육관 앞에 있는 지하도를 이용한다.
3호선 동대입구역 3번 출구로 나와 길을 따라 조금만 걷다 보면 오른쪽에 보인다.
전화 | 02-2274-6269   시간 | (평일)10:00~23:00 (주말)12:00~22:00

도봉구
노원구
강북구
북서울
꿈의 숲
은평구
와룡공원
중랑구
성북구
안산 도시 자연 공원
동대문구
광진구
이진아 기념 도서관
강변
테크노마트
하늘공원
강서구
서대문구
월드컵공원
평화&하늘 공원
종로구
강동구
마포구
성동구
용산도서관
용산구
광진교 리버뷰 8번가
양천구
영등포구
반포대교
달빛 무지개 분수
동작구
청담대교
송파구
동작대교
구름&노을 카페
구로구
서초구
강남구
관악구
금천구

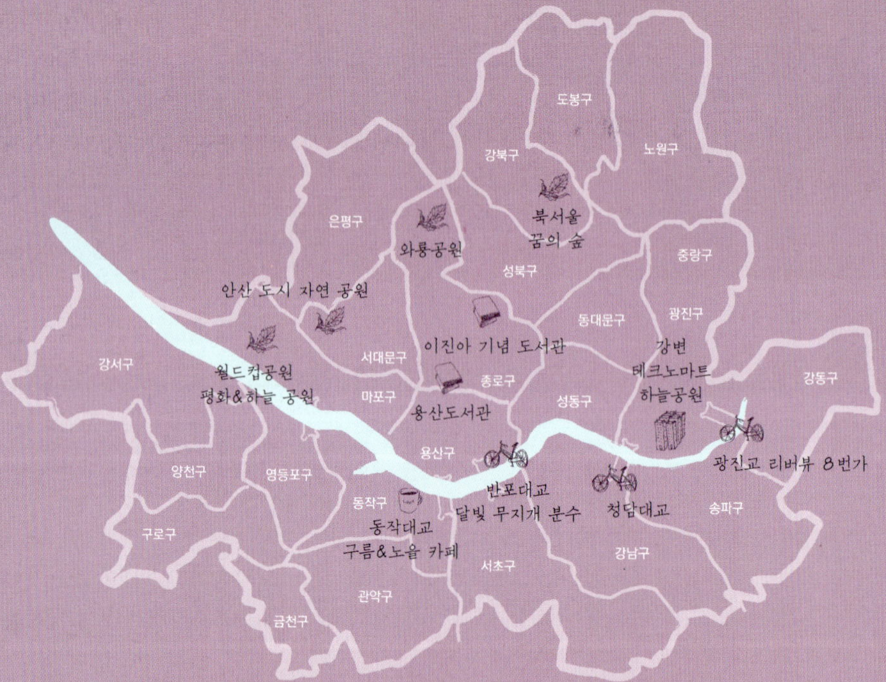

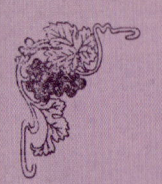

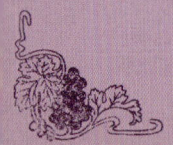

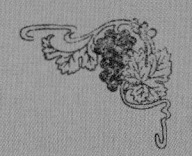

부록

밤이 아름다운 길

야경 예찬

북서울 꿈의 숲, 와룡 공원, 달빛 무지개 분수, 하늘공원…….
서울의 숨은 야경 장소 11곳은 가슴이 먹먹해질 만큼 아름답다.
눈부시게 빛나는 강변의 물 그림자는
한강 위로 근사한 데칼코마니를 만들어 내고,
성곽길을 따라 난 오솔길 옆 가로수 등불은
외로운 산책자의 길벗이 되어 준다.

안산 도시 자연 공원

첫 번째 야경 장소

안산 도시 자연 공원은 특별한 야경 장소이다. 서울의 야경을 360° 조망할 수 있는 안산이라는 커다란 태곳적 보물이 밤이면 밤마다 시가지 전체를 눈부시게 채색한다. 공원 정상에 올라서면 하늘과 땅의 구분이 따로 없다. 칠흑 같은 하늘에서 빛을 발하는 별들과 대지의 인공 빛들이 뒤섞여 200호짜리 풍경화가 눈앞에서 연출된다. 야경이 빚어낸 황홀함에 보는 이의 가슴이 먹먹해진다. 안산은 조선 건국 초기에 도성을 정할 때 그 터로 거론됐을 만큼 명산이다. 안산 도시 자연 공원 정상에 올라서면 누구든지 감탄을 한다. "아~." 이 짧은 탄성이 안산 도시 자연 공원을 표현해 준다고 해도 과언이 아니다. 더불어 감동이 물밀듯이 내 품 안으로 들어 오는 기쁨을 만끽할 수 있다.

산책 가는 길

2호선 신촌역에 내려 연세대학교 생활관(무악학사) 방향으로 걷는다. 1학사 A동 건물 뒤편에 안산공원으로 들어갈 수 있는 검은 돌로 된 계단길이 있다.

버스 | (간선) 272, 370, 470, 601, 606, 607, 672, 708
　　　 (지선) 6714, 7017, 7024, 7737

안산 도시 자연 공원 정상에서는 서울 풍경을 360°로 감상할 수 있어 각기 다른 야경을 확인할 수 있다.

 ## 북서울 꿈의 숲

두 번째 야경 장소

뜨거운 태양이 산 아래로 고개를 숙일 때쯤이면 북서울 꿈의 숲은 마치 약속이나 한 것 마냥 사람들이 모여든다. 강북과 성북, 도봉 등 6개 구에 둘러싸여 있는 도시 속 숲답게 저마다의 방법으로 일상의 피로를 씻어 내곤 한다. 산책로를 따라 걷다가 전망대 방향으로 발걸음을 옮겨 본다. 3~4개 정도의 엘리베이터를 거쳐야 비로소 정상에 다다를 수 있는 전망대의 높이는 무려 49.7m라서 보기만 해도 아찔하다. 전망대 안에는 의자가 놓여 있는데 누구나 여기에 앉으면 탄성을 지르게 된다. 고개를 좌우로 돌리면 북한산, 수락산, 도봉산의 수려한 절경과 도시 전체가 살아 숨쉬는 것처럼 하나로 반짝이는 모습을 보고 있노라면 텅빈 마음의 한편이 따뜻하게 데워지는 기분이다.

북서울 꿈의 숲 전망대에서 바라본 해지기 전의 풍경.

 산책 가는 길

4호선 미아삼거리역 2번 출구에서 버스를 탄 후, 북서울 꿈의 숲(서문)에서 하차하면 눈앞에 전망대와 아트센터, 거울연못이 보인다.

버스 | (간선) 147, 149 / (지선) 05, 09, 11, 14 / (광역) 9204
전화 | 02-2289-4001

오랜 세월만이 줄 수 있는 여유로운 공기가 와룡공원 전체를 감싸고 있는 듯하다.

와룡공원

세 번째 야경 장소

와룡공원은 작지만 알차다. 공원이 서울 성곽을 따라 조성되어 있는 탓에 높은 지대와 작은 규모이지만, 여느 공원처럼 놀이터와 운동 시설, 쉼터가 오밀조밀하게 갖춰져 있을 뿐 아니라 산책로 역시 아기자기하다. 이곳에 가려면 느즈막한 저녁 시간에 맞춰야 제맛이다. 어둠이 깔릴 때쯤 산책로를 따라 거닐다 보면 우거진 수풀 사이로 성곽이 모습을 드러내는데, 은은한 가로수 불빛에 반사되어 낭만적인 분위기를 자아낸다. 발밑으로 보이는 서울 시가지의 조망권도 단연 압권이다. 때때로 저 멀리 북악스카이웨이의 가로등과 남산 전망대의 깜박거리는 불빛이 싸한 그리움을 그려 내기도 한다. 번잡한 생각에 잠긴 채 올랐던 처음과 달리 내려올 때에는 무수한 세월을 견뎌 낸 높다란 성벽 위로 묵은 잡념을 하나둘 두고 돌아섰다.

 산책 가는 길

3호선 안국역 2번 출구로 나와 마을버스를 탄다. 성균관대학교 후문 정류장에서 내린 후 말바위 안내소 방향으로 걷는다. 3~5분 정도 걷다 보면 와룡공원을 만날 수 있다.

버스 | (마을) 종로 02, 03, 성북 03

월드컵공원 속, 평화&하늘 공원

네 번째 야경 장소

인생 사는 일이 힘겹게 느껴진 날에는 월드컵공원으로 향한다. 해가 지기 시작하면 평화공원 내의 난지 연못에도 어둠이 스며든다. 어둠이 내려앉은 난지 연못 주변은 고요하고 아름답다. 걸으면 마음까지 차분해진다. 부들, 연꽃, 수련, 속새, 창포가 심겨진 난지 연못을 한 바퀴 돈 후 하늘공원으로 천천히 걸어간다. 월드컵공원에는 평화공원과 하늘공원을 이어주는 다리가 있다. 다리를 건넌 후 바로 앞에 보이는 291개의 계단을 따라 하늘공원으로 향해 천천히 올라간다. 공원 정상에 올라서면 안산, 남산, 국회의사당, 양화대교, 선유도공원, 성산대교까지 어둠이 짙게 드리울수록 더욱 밝아지는 도시가 펼쳐진다. 서울의 밤이 이처럼 밝은 빛으로 물드는 이유는 오늘도 힘겨운 하루를 보낸 이들에게 밝은 희망을 주기 위함이 아닐는지.

산책 가는 길

6호선 월드컵경기장역 1번 출구로 나와 직진으로 걸으면 마포 농수산물 시장이 보인다. 마포 농수산물 시장 옆이 월드컵공원이다. 평화공원은 마포 농수산물 시장 바로 옆에 위치해 있다. 평화공원에서 고개를 돌리면 저 멀리 산에 계단이 보이는데 계단을 따라 올라가면 하늘공원을 만날 수 있다.

버스 | (간선) 171, 172, 571, 710 / (지선) 7016, 7019, 7711, 7715 / (마을) 마포 08, 15 / (광역) 9711
전화 | 02-300-5500   시간 | 09:00~19:30(계절에 따라 변경됨)

하늘공원에서 바라본 월드컵 경기장.

강변 테크노마트 옥상, 하늘공원

다섯 번째 야경 장소

강변 테크노마트 하늘공원에서는 광나루가 훤히 보인다. 옛날 서울 사람들은 강원도, 경상도, 충청도로 가려면 바로 이곳 광나루에서 배로 강을 건너 송파나루에 닿아 자신의 갈 길을 갔다. 옛날이나 지금에나 이곳은 서울 사람들이 사랑했던 곳인가 보다. 날이 저문 테크노마트 옥상의 하늘공원에서는 모든 이들이 앞만 쳐다본다. 의자도 앞을 향해서만 놓여 있다. 눈앞에 펼쳐진 밤 풍경이 무척이나 아름다워 눈과 마음이 빼앗겨 버린 건지도 모른다. 한편에선 연인들이 공원 내에 설치된 소망의 동전함에 동전을 힘껏 던진다. 동전이 제대로 들어갔는지 큐피트 천사의 조각상이 소리를 내며 빛을 발한다.

 산책 가는 길

2호선 강변역 1, 2번 출구가 강변 테크노마트 지하 1층과 연결되어 있다. 하늘공원은 테크노마트 9층에 위치해 있다.

전화 | 02-3224-8282   시간 | 10:00~22:00

강변 테크노마트 옥상, 하늘공원

밤은 하나의 스케치북이다. 지극히 평범한 낮의 도로와 대교도 예술로 변모하게 된다.

반포대교에서 펼쳐지는 화려한 무지개 분수 쇼는 마음까지 시원하게 적셔 준다.

반포대교 달빛 무지개 분수

여섯 번째 야경 장소

흔히 무지개는 비가 그친 뒤에 볼 수 있지만, 반포대교의 무지개는 시간을 지켜야 볼 수 있다. '달빛 무지개'라는 이름에 걸맞게 형형색색의 무지개가 달빛 아래 걸쳐져 있는 모양새다. 게다가 수중펌프로 끌어올린 강물이 20m 아래의 한강으로 포물선을 그리며 낙하하는 모습이 흡사 밤의 무지개를 보는 듯하다. 더운 여름밤의 열기를 피해 이곳에 모여든 사람들은 눈앞에 펼쳐지는 분수 쇼에 눈을 떼지 못한다. 이 분수는 2008년 세계에서 가장 긴 교량분수로 세계기네스협회에 등재되기도 했다. 분수 쇼를 감상한 후에는 세빛 둥둥섬으로 발걸음을 옮겨 본다. 바다 위에 떠 있는 우주선처럼 건물 자체가 하나의 예술품이다. 반포대교도 세빛 둥둥섬도 밤에 보아야 더욱 멋지다. 주변이 어두워져야 자신이 가진 빛을 제대로 드러내듯 말이다.

 산책 가는 길

3, 7, 9호선 고속터미널역에서 나와 신반포로 23길로 걷는다. 5~8분 계속 직진하여 걷다 보면 막다른 길이 나온다. 오른쪽에 테니스장을 지나, 오른쪽의 반포 나들목을 지나면 도착한다.

버스 | (간선) 405, 730 / (지선) 0018, 2016, 6211, 8340
전화 | 02-3780-0541~3

동작대교
구름&노을 카페

일곱 번째 야경 장소

한강을 가장 가까이에서 볼 수 있는 곳은 교각 위에 아스라하게 지어진 전망대 카페이다. 특별히 커피 한 잔을 마시고 싶은 날 혹은, 한 끼 식사를 부르주아처럼 호젓하게 즐기고 싶은 충동이 일 때에는 동작대교로 향하면 된다. 쌍둥이처럼 서로 마주보고 있는 하늘카페와 노을카페가 오는 이들을 반겨 준다. 동작대교 남단 상류 쪽에 위치한 하늘카페 옥상에 올라서면 남단 하류 쪽에 위치한 노을카페와는 또 다른 풍경을 조망할 수 있다. 저 멀리 반포대교와 세빛 둥둥섬이 보이고 밑으로는 가로등 아래서 산책하는 사람들이 지나간다. 우리네 인생도 마음 먹기에 따라 달라지듯이 같은 한강이라도 어느 위치에서 보느냐에 따라 느낌이 달라진다.

 산책 가는 길

4, 9호선 동작역 1번 출구로 나와 왼쪽의 육교를 건너면 구름카페와 만날 수 있다. 또는 4, 9호선 동작역 2번 출구로 나와 국립 현충원, 흑석동 방면으로 걷는다. 오른쪽 계단을 이용해 올라 서면 노을카페가 보인다.

버스 | (간선) 360, 362, 363, 462, 502, 640, 642, 752 | (지선) 5524, 6411
전화 | (구름 카페)02-3476-7999, (노을 카페)02-3481-6555   시간 | 10:00~02:00

광진교 리버뷰 8번가

여덟 번째 야경 장소

왠지 혼자 있고 싶은 날에는 리버뷰 8번가로 향한다. 전 세계적으로 세 개뿐인 교각 리버뷰 8번가는 휴식과 감성이 깃든 전망 쉼터이다. 유리로 된 바닥을 통해 한강을 훤히 내려다볼 수 있는 공연장에선 이따금 공연과 전시가 열리기도 한다. 첩보원들의 숨막히는 액션과 배신, 로맨스를 그린 드라마 〈아이리스〉가 이곳에서 촬영되기도 했다. 광진교에서 보는 한강의 모습은 다른 전망대에서와 달리 색다르다. 강물색은 시시각각으로 변한다. 붉은 노을에 반짝이던 황적색은 구름이 해를 가리자 짙은 회색으로 변하더니 이내 검푸른 빛으로 물든다. 어느덧 저 멀리 아파트 촌이 끝나는 끄트머리에는 강물에 비친 세상의 그림자가 물결친다.

산책 가는 길

8호선 천호역 2번 출구로 나와 한국투자증권과 주유소 사이에 있는 광진교 방향의 공구거리로 향한다. 이 거리를 통과하면 광진교가 나온다. 리버뷰 8번가는 광진교 중간에 위치해 있다.

버스 | (간선) 272, 370, 470, 601, 606, 607, 672, 708, 710, 750 / (지선) 6714, 7017, 7024, 7737

청담대교에서 바라본 또다른 한강의 모습.

 청담대교 아홉 번째 야경 장소

그들만이 아는 세상은 의외로 가까운 곳에 있다. 코엑스에서 10여 분 거리에 이런 곳이 있다니 정말 세상은 많이 걷고 볼 일이다. 그들만이 아는 세상으로 들어가는 길은 예쁘고도 신기하다. 무지갯빛이 감도는 터널은 청담 나들목이라는 이름을 가지고 있다. 여기를 통과하면 저 멀리 빌딩 숲을 이어주는 고운 자태의 청담대교가 시야에 들어온다. 유려하게 흐르는 한강을 따라 펼쳐진 아스라한 야경을 벤치에 앉아 감상하는 것이 뷰 포인트이다. 번화가에서 불과 10여 분 거리에 있는 강변치고는 평온하고 운치 있는 풍경이다. 덕분에 잠깐만 앉아 있어도 도시 위에 떠 있는 섬을 일주하는 듯하다. 짙은 푸른색 강줄기가 소담스럽게 도시를 감싸는 풍경을 보고 싶다면, 주저하지 말고 청담대교로 향해도 좋다.

 산책 가는 길

7호선 청담역 1번 출구로 나와 뒤돌아서 걷는다. 경기고교 앞 교차로에서 오른쪽(삼익아파트)으로 계속 걸어서 청담 나들목을 통과하면 청담대교에 다다른다.

버스 | (간선) 301, 401, 640 / (지선) 2415, 3011, 3219, 3414, 4431

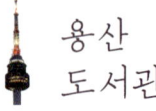 ## 용산
도서관

열 번째 야경 장소

용산도서관의 밤 풍경은 낮보다 아름답다. 어스름한 저녁 도시 곳곳에서 뿜어져 나오는 화려한 불빛이 도시 전체를 고운 빛깔로 물들인다. 남산 아래 위치한 탓에 휴게실은 탁 트인 전망을 자랑한다. 전망이 좋아서인지 벤치도 전부 전망을 향해 있다. 용산도서관 발 아래에는 서울의 풍경이 보이며 머리 위로는 N서울타워가 색을 뿜낸다. 자판기에서 뽑은 자판기 커피 한 잔을 들고 휴게실 앞에 보이는 풍경을 감상해도 500만 원짜리 명화를 감상하는 기분을 만끽할 수 있다. 대한민국에서 학창시절을 보낸 사람이라면 도서관에 관한 추억 하나쯤은 가지고 있다. 지금 생각해 보면 별일도 아닌데 그때는 뭐가 그리 심각했는지……. 공부까지 미루고 친구와 정말 많은 이야기를 나눴는데 지금은 그 대화 내용이 하나도 기억나지 않는다는 사실에 피식 웃게 된다.

 ### 산책 가는 길

1호선 서울역에서 나와 402번 버스를 탄 후, 남산도서관 정류장에서 하차한다. N남산타워 반대 방향(오른쪽)으로 걸으면 용산도서관이 보인다. 용산도서관은 남산도서관 맞은편에 위치해 있다.

버스 | (간선) 402, 405 / (순환) 02, 03, 05
전화 | 02-754-2569
시간 | (하절기) 07:00~23:00, (동절기) 08:00~23:00

용산도서관 앞에 펼쳐진 붉게 물든 저녁 노을 풍경.

이진아 기념 도서관 휴게실에서 보이는 풍경. 앞에 보이는 인왕산이 정겨워 보인다.

이진아
기념 도서관

열한 번째 야경 장소

이진아 기념 도서관은 '세상에서 가장 아름다운 건물'로 불린다. 미국 유학 중이던 딸이 사고로 죽자 아버지는 50억 원을 세상에 기증했다. 이러한 탄생 이야기를 들으니, 더 큰 감동으로 다가온다. 3층과 4층 휴게실에 앉으면 국사당과 그것을 품고 있는 인왕산을 볼 수 있다. 지상에 땅거미가 운치 있게 깔릴 때면 도서관은 아름다운 야경으로 다시 태어난다. 도시를 지키는 등대처럼 은은한 불빛을 뿌리며 길 잃은 사람들의 마음을 이끄는 이정표가 되어 준다.

 산책 가는 길

3호선 독립문역 4번 출구로 나와 서대문독립공원 쪽으로 걷는다. 서대문독립공원 뒤 영천사 가는 방향에 위치한다.

버스 | (간선) 471, 701, 720, 752 / (지선) 7019, 7021, 7023
전화 | 02-360-8600
시간 | (평일) 09:00~22:00, (주말) 09:00~17:00